台灣 easy go 08

台灣旅遊快易通

南台灣自由行

李鎮岩 著

展讀文化

台灣旅遊快易通～
南台灣自由行

圖‧文／李鎮岩

　　最近幾年，台灣隨著時代進步，優質文化的休閒已成為社會大眾不可或缺的生活模式，在千百種的休閒活動中，兼具感性觀光、知性美食以及休閒懷舊之旅，頗受人們的喜愛，已成為社會動向的新趨勢。

　　位於台灣西部的南台灣，包括嘉義縣市、台南縣市、高雄縣市以及屏東縣市等4市4縣，即北從嘉義縣北港溪，南至屏東縣鵝鑾鼻風景區，保留了部分原始自然、人文景觀及一些傳統美食文化。「青山綠水已不多見，自然、人文風貌更屬難得」，為了讓您擁有更豐富的週休2日，作者從台灣南部嚴選部分景點，以簡潔文字、精美圖片，呈現南台灣最美好的一面。真正會感動人的，是用真心寫出來的文章，相信這本書能滿足你的需求。

　　在旅遊之餘，除了拍照、腳步外，什麼都不留，給我們後代子孫一個純淨美麗的大環境。

李鎮岩

圖例
風景遊憩區 ⤵　　　　風味美食 🍴
寺廟 ⛩　　　　　　　博物館 🏛
古蹟 🏯

台灣旅遊快易通 »»CONTENTS 南台灣自由行

South Taiwan Travel Manual

台灣旅遊快易通

南台灣自由行

嘉義公園

太和山

蘭潭

竹崎

九華山地藏庵

半天岩紫雲寺

奉天宮

梅山公園

太平風景區

王得祿墓

竹崎公園

達娜伊谷

農村文化公園

天長、地久橋

中華民俗村

吳鳳廟

吳鳳成仁地

中崙溫泉

北回歸線紀念碑

彌陀寺

曾文水庫

South Taiwan Travel Manual
台灣旅遊快易通
南台灣自由行

豐山風景區

來吉

阿里山

瑞里情人吊橋

瑞里綠色隧道

瑞峰風景區

奮起湖

鄒族豐年祭

嘉義（市）縣

嘉義(市)縣

嘉義縣古稱「諸羅縣」，乾隆年間（1788）台灣發生林爽文亂，聲勢浩大，勢如破竹，諸羅縣軍民合力奮戰，困守城垣數月之久，終於獲得解圍。事後，乾隆皇帝爲了嘉勉諸羅縣民「忠義不二」精神，於是賜名爲「嘉義」，沿用至今。如今，嘉義公園內有前清乾隆皇帝御筆「福康安生祠」碑，即這段可歌可泣歷史的最佳寫照。

山高（指玉山、阿里山）水長（八掌溪、北港溪和朴子溪）的嘉義縣，除了具有豐富的歷史背景外，尚有許多風景名勝可以參訪，諸如聞名中外的阿里山、奮起湖（大凍山、十八羅漢洞、流星岩）、梅山公園、太平、瑞里（燕子崖、千年蝙蝠洞）、瑞峰（大峽谷、觀日樓）、豐山、太和等等。至於人文史蹟方面，則以中正大學（嘉義縣民雄鄉三興村160號）、吳鳳廟、北迴歸線紀念碑和西南沿海一帶的布袋鹽田風情，以及嘉義縣新港鄉的王得祿墓、水仙宮、奉天宮爲最有名。

談到嘉義縣中心位置的嘉義市，一度爲嘉義縣治之所在，自明朝天啓2年顏思齊開拓諸羅縣，迄今已有300多年歷

●嘉樂福夜市小吃。

開車由國道1號下嘉義交流道，往嘉義市區方向，接159縣道（北港路），至圓環右轉博愛路二段即可抵達嘉樂福夜市（每星期二、三、四、五、六、日營業）。

史，文風鼎盛、人才輩出，孕育多元文化。市區著名的觀光景點有嘉義公園、植物園、孔廟、二二八紀念公園、先天玉虛宮、蘭潭等等。入夜後，人來攘往，較熱鬧的地方，則有中山路七彩噴水池、文化路夜市和博愛路嘉樂福等夜市小吃。

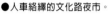

●人車絡繹的文化路夜市。

交趾陶館 嘉義市忠孝路275號（文化局地下室）（05）278—8225轉332

●嘉義市交趾陶館。

開放時間：星期三至星期日，上午9點至下午5點（每週一、二休館）

交趾陶俗稱「交趾燒」，屬低溫多彩陶的一種，源於漢綠釉，至清代開始盛行。

台灣的交趾陶藝術開始於清末民初，源於大陸東南沿海地區。早期多應用於傳統寺廟建築上，舉凡當時廟宇中的許多裝

交趾陶釉色散發出寶石般的光澤，
艷而不俗，一般稱之為「寶石釉」，
釉師的釉彩讓交趾陶巧塑成形的外觀，在艷麗中更
以黃色模仿琥珀、綠色模仿翡翠、藍色模仿藍寶石色
集色模仿集水晶、粉紅色模仿瑪瑙
白、古黃、滾黃、濃綠、海碧、寶藍、紅豆紫、胭

●交趾陶館展示。

飾，包括山牆、水車堵、屋
頭、照壁等處，往往以細緻
精美、色彩豔麗的交趾陶作
品加以美化。所謂在一筆一
觸之間，展現其獨特的藝術
風貌。至於題材，多以「戲
台人物」為主體，搭配自然
界的花木、蟲魚鳥獸等素材，使作品更加豐富生動。如今數十寒暑過去，
當今的交趾陶藝師，大都趨向於單件藝術創作的表現，其作品或以祥瑞象
徵、或以造型生動有趣的題材為主，自然迥異於昔日的傳統廟宇裝飾，成
為適合一般民間觀賞、收藏的藝術珍品。

　　談到交趾陶藝術珍品，其中以葉王的作品最具代表性。葉王，名麟
趾，1826年出生於嘉義。天生聰慧，雙手靈巧，自幼即接受閩粵交趾陶藝
術薰陶。長大後，在嘉義一帶從事廟宇交趾陶創作，凡數十年，聲名大

噪。其作品細緻精美、栩栩如
生，甚獲好評，得意門生及佳作
遍及雲嘉等地區，包括台南學甲

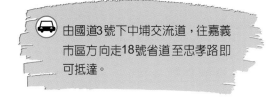

由國道3號下中埔交流道，往嘉義市區方向走18號省道至忠孝路即可抵達。

慈濟宮、佳里震興宮等寺廟，對交趾陶傳統藝術的貢獻良多，成為台灣交趾陶的第一人。

　　嘉義市，是交趾陶開山祖師葉王的出生地，也是交趾陶文化的故鄉。嘉義交趾陶館成立於2000年5月，展示地點位於嘉義市文化局地下室，是國內首座規模最大，符合國際水準的交趾陶特色館。館內分為交趾陶之美、交趾陶探源、交趾陶與建築裝飾、交趾陶的創新、現代藝師區和特展區等6大展示區，提供交趾陶藝術創作、運用和發表的創意空間，也是一窺台灣交趾陶精緻之美的絕佳場所，如今已是嘉義市主要觀光景點之一。目前館內展示著台灣交趾陶一代宗師葉王，及其門徒林添木、蘇俊夫、高枝明、林洸沂等人的作品，另有雲嘉地區許多民間交趾陶藝師的嘔心瀝血創作，走一趟嘉義交趾陶館，淺嚐古今本土交趾陶的工藝之美，是不可多得的文化饗宴之旅。

嘉義市立博物館　嘉義市忠孝路275號 （05）278─0303 🏛

開放時間： 星期三至星期日，上午9點至下午5點（每週一、二全日休館）

嘉義市立博物館成立於民國93年，展示面積達1616平方公尺，建築主體為地下一層、地上三層，是南台灣設備完善，符合國際水準的綜合博物館。

　　館內展示嘉義當地的「地質、化石、美術」等三大主

●嘉義市立博物館。

A.博物館展示。
B.陳澄波紀念區。
C.陳澄波雕像。

題。一樓為地質廳、特展區，
二樓化石廳、交趾陶特展區、
石猴特展區，三樓為美術廳。

由國道3號下中埔交流道，往嘉義市區方向走18號省道至忠孝路即可抵達。

　　我們在黃課長熱心的帶領下，參觀了博物館內的各項陳設。其中二樓化石廳，展示本市薛文吉先生所捐贈的2005件化石，彌足珍貴，令人目不暇給。三樓陳澄波紀念區，展出嘉義名畫家陳澄波先生文物2800餘件，內容豐富，值得一遊。

　　該館充分地表達了嘉義人犧牲奉獻、熱愛鄉土的真性情，是台灣各級學校課外教學的好場所，也是嘉義市主要觀光景點之一。

嘉義公園　嘉義市公園路一帶

　　一般人多認為台灣平地的公園無非是一些花花草草，很普通沒什麼好看的。然而，位於嘉義市東側的嘉義公園卻別具一番景緻。

　　嘉義公園，闢建於1910年，佔地廣闊（約20甲），園內花木扶疏，景緻盎然，有日本神社遺構建築（今史蹟資料館）、射日塔、植物園和古砲等景點，人文景觀豐富。

●手水舍日式亭式建築。

●造型典雅的史蹟資料館。

史蹟資料館位於公園路42號，始建於日治時代（1911），為仿唐藝術檜木建築，造型典雅，古木參天，與桃園虎頭山同為保存台灣最完整的日本神社「社務所」及「齋館」古蹟。

除此以外，附近另有「參集所」和「手水舍」等日式亭式建築。採半開放式空間的「手水舍」，為昔日參拜神社潔淨手口之處。1987年嘉義市政府修復此地，作為人們回顧歷史、典藏文物之用途。目睹這般韻味十足、古色古香的日式建築，彷彿穿越了時空，回到70年前的日治年代。

射日塔座落於公園內原日本神社遺址上，附近林木茂盛。高聳的射日塔，塔高62公尺，覆土基座部分為忠烈祠，一樓以上則為射日塔。

●深具社會文化教育的射日塔建築。

射日塔建築設計圖案取
之於阿里山神木造型，其內
部有高40公尺之「一線天」
空間設計，上面佈置寬3公
尺、高24公尺之巨幅原住民
勇士射日青銅透雕圖飾，顯
得精緻典雅。相傳太古時

開車由國道3號下竹崎交流道，往
嘉義市方向，接159縣道、林森東
路、林森西路、吳鳳北路，右轉中
山路即可抵達嘉義公園。

代，天上有兩個太陽輪流出沒，酷熱的天氣，造成萬物枯萎。為了解救蒼
生，有一原住民勇士自願奔向太陽射日。但太陽之路何其遙遠，於是勇士
背負一嬰兒，俾便嬰兒長大後，繼續完成其遺志。隨著時光流逝，勇士在
途中逐漸老邁死去，而昔日嬰兒也已長大成人，終於完成射日的艱鉅任
務。而那顆被射中的太陽便變成月亮，從此不再為害人類了。這一古老神
話故事，深具承先啟後，繼往開來的社會文化教育意義。

蘭潭 嘉義市小雅路53號 （05）276—3823

蘭潭舊稱紅毛埤，位於嘉義
市東郊，面積約70甲，為目前嘉
義市的自來水源地兼風景區。昔
日荷蘭人於此引八獎溪水（今
八掌溪），築堰為埤，灌溉今王
田里一帶的土地。日治時代重
修堤堰，始成今日規模。

蘭潭除蓄水供能外，晨昏
之際，煙波迷茫，潭中碧波千
頃，山影、亭影、人影全在
蘭潭清純的懷抱裡了。怡靜

●碧波千頃的蘭潭。

的蘭潭，尤以月夜最為怡人。此時月滿亭台，潭上的一切景物若隱若現，

朦朧而綽約，彷彿來到一處縹緲的世外仙境，「蘭潭泛月」之名，不逕而走。除此以外，蘭潭還有好漢坡步道、二漢坡步道、小公園步道、姐妹亭、蘭心亭、三信亭等景點，值得一遊。另有環湖道路適合乘騎自行車遊潭，入口處位於小雅路蘭潭國小附近。

開車由國道3號下竹崎交流道，往嘉義市方向，接159縣道、林森東路、林森西路、吳鳳北路，至中山路右轉啓明路、小雅路即可抵達。106碧波千頃的蘭潭。

彌陀寺　嘉義市東區彌陀路1號　（05）222—4203

信步來到彌陀寺前，在炎炎夏日的嘉義市郊。

許久沒探訪佛門聖地，古刹似乎多了些許的陌生…。位於嘉義市東南方的彌陀寺，前臨八掌溪，環境優美，梵音繚繞，是善男信女們洗心禮佛的淨土，也是昔日嘉義地區頗具盛名的八景之一。

●彌陀寺大殿莊嚴肅穆。

開車由國道1號下嘉義交流道，循159縣道（北港路）往嘉義市區，過陸橋後，走民族路、新民路、垂楊路，至體育館右轉彌陀路行約1公里即可抵達。

彌陀寺始建於乾隆17年（1752），與竹崎德源禪寺、半天岩紫雲寺，同爲清代所建的佛教古刹。大殿莊嚴肅穆，主祀彌勒大佛，兩旁陪祀玄奘大師及開山祖師。於

民國67年重修後，寺貌巍峨壯觀，內牆與樑柱以金黃、茶色為主調，充滿著美感，給人氣定神閒的感覺。寺前「八獎溪義渡」，為台灣少數罕見的義渡古碑，列入三級古蹟。由於年代久遠，飽受風霜浸蝕，給人一股濃郁的古樸韻味。

●八獎溪義渡碑。

九華山地藏庵 嘉義市東區民權路255號
(05) 278－2555

　　嘉義是南台灣開發甚早的城市，市域人文薈萃，廟宇林立。單單主祀地藏王菩薩的廟宇就有3家之多，包括九華山地藏庵、南嶽殿、九天殿等等。其中以九華山地藏庵最具規模。

　　九華山地藏庵又稱北嶽殿，位於嘉義市民權路、和平路交叉口。神靈顯赫，歷史悠久。始建於乾隆56年（1791），建廟迄今已逾200年，其間歷經多次修葺。於民國68年重建完成的蓮花寶殿，佔地2000餘坪，殿分7層，樓高135公尺，為全台最高的廟宇。九華山地藏庵為佛、儒、道兼具的寺院。1樓供奉十殿閻王、眾神祇。2樓地藏王菩薩本殿。3樓為大雄寶殿、太歲殿和文昌殿。4樓大悲殿，供奉觀世音菩薩。5樓彌陀殿，奉祀西方三聖。6樓藥師殿，主祀藥師如來佛。7樓大願殿，為蓮花寶殿頂樓。登樓遠眺，整個嘉義市區美景，

●高聳的九華山地藏庵。

盡入眼簾。今廟南側，有昭忠祠，供奉清同治元年
（1862）戴萬生之役守城就義兵民之靈骨。

　　九華山地藏庵是嘉南一帶的重要民間信仰中
心，除了每年元宵節舉辦鬪雞大賽，吸引許多遊
客參觀之外，另農曆7月「鬼門關」大開，地藏
王廟照例舉辦一年一度的中元普渡法會－祭拜好兄
弟，屆時人來攘往，熱鬧的場景，盛況空前。

●地藏王菩薩本殿。

開車由國道1號下嘉義交流道，循北港路往嘉義市區，過嘉雄
陸橋後，接民族路，左轉和平路，右轉民權路即可到達。

奉天宮　嘉義縣新港鄉大興村新民路53號　（05）374－2034
《三級古蹟》

　　台灣廟宇很多，知名的古廟北部有大龍峒保安宮、霞海城隍廟，桃園
景福宮，新竹都城隍廟、關帝廟，新埔褒忠亭。中部有台中萬和宮、樂成
宮，大甲鎮瀾宮、彰化南瑤宮、鹿港天后宮。南部則有北港朝天宮、新港
奉天宮、台南大天后宮、祀典武廟、南鯤鯓代天宮、澎湖天后宮等等不勝
枚舉。

　　位於嘉義市西北方的新港奉天
宮，歷史悠久，始建於清康熙39年
（1700），稱「天妃廟」。至1803年，
山洪爆發，一夜之間，大水侵襲民屋
殆盡，天妃廟也同時慘遭沖毀命運。
嘉慶16年（1811）清代官階最高的台
灣人王得祿，倡議於今天的新港街擇
地重建，並由當時的嘉慶皇帝賜名為

●新港奉天宮精美的門神彩繪。

●香火鼎盛的新港奉天宮。

「奉天宮」。奉天宮自1700年建廟以來,300年間幾經修茸,始成今日巍峨廟貌。

　　如今,奉天宮打著「開台媽祖」名號,香火十分鼎盛,也為新港地區帶來不少遊客商機。尤其每年農曆三月二十三日媽祖聖誕前後期間,由全國各地紛踵而至的信眾,人車絡繹,不絕於途。鑼鼓喧天、鞭炮聲不斷,熱鬧的場景,非比尋常。值得一提的,位於奉天宮附近,嘉義縣新港鄉新民路120號,有

●新港奉天宮古樸的泥塑。

●源發號醬園。

古法釀造不加任何防腐劑的源發醬園（05）374－1620，對傳統醬油有興趣的話，可順道前往參觀。

開車由國道1號下嘉義交流道，往新港方向，接159縣道，循新民路即可抵達。

王得祿墓 嘉義縣新港鄉安和村番婆里 《一級古蹟》

王得祿墓位於嘉義市西方，佔地約2甲多，看起來氣派十足，為台灣首屈一指的清代官宦古墓。

整座墓地呈圓弧形狀，墓碑由3塊精雕細琢的石板塊所組成，正中間的一塊上方略成橢圓形，其

●武翁仲。

碑文因年代久遠飽受風霜浸蝕，而呈現模糊不清，然猶依稀可見雙龍「奉旨」等精美圖飾。墓前兩側各列文武翁仲、馬、羊、虎等4座石像。兩側墓手則各立龍、鳳、獅、象等四靈獸加以護持。整座墓園的石像完整，雕工細緻。除了線條犀利外，還講求立體塊面的處理。

●王得祿墓為台灣首屈一指的清代官宦古墓。

王得祿一生高官顯達。如今，荒野漠漠，朔風野大，只有陵墓相伴，讓人不勝唏噓。

 王得祿墓位於嘉義縣新港鄉西南方田野間，開車由國道1號下嘉義交流道，往新港方向至月眉潭接166縣道，至安和村接157縣道即可抵達。

王得祿的一生

王得祿生於清乾隆35年（1770），享年72。嘉義太保市人。1788年台灣發生林爽文亂，王得祿協助朝廷平亂，積功升千總。1796年官拜福建水師提督，次年集結閩浙兩省兵船，征討台海巨盜蔡牽。蔡牽敗亡，與餘黨多人皆沉死海中。王得祿以平定海盜屢建奇功，乾隆皇帝加封太子太保銜，位極人臣，為清朝官階最高的台灣人。今嘉義縣有「太保市」，即當地人為紀念王得祿的豐功偉業而命名。

阿里山國家森林遊樂區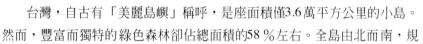

台灣，自古有「美麗島嶼」稱呼，是座面積僅3.6萬平方公里的小島。然而，豐富而獨特的綠色森林卻佔總面積的58％左右。全島由北而南，規劃了包括觀霧、東眼山、滿月圓、內洞、合歡山、武陵、奧萬大、藤枝、阿里山、雙流、墾丁、池南、富源和知本等多處國家森林遊樂區，提供多彩多姿的人文生態旅遊，其中，每年入春繁花似綿的阿里山森林遊樂區，更是其中的翹楚。

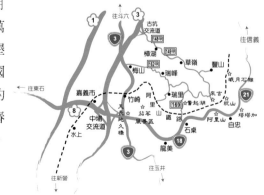

●阿里山賞櫻的遊客不絕於途。

　　阿里山森林遊樂區位於嘉義縣東端，面積約1400公頃，區內山林茂密，人文薈萃，是鄒族的故鄉，森林小火車的故鄉，也是週休假日人們走向戶外欣賞大自然的絕佳去處。

　　阿里山有「五奇」，包括日出、雲海、晚霞、登山小火車和森林。其中登山鐵道，是世界僅存的3條森林鐵路之一。

　　該鐵路架建於日據時代，初期為搬運阿里山木材而鋪設。由嘉義車站至阿里山新站，長約71.4公里，火車從地勢平坦的嘉義市一路爬升到海拔2316公尺的阿里山，隨著火車呼嘯而過的汽笛聲，車行14.2公里至竹崎站後，火車開始緩緩爬坡，沿途群山圍繞，峰巒起伏，可見山谷溪流、暖、溫帶森林雜存其間。火車到獨立山一段長約5公里，為順利爬升起見，鐵道特別設計盤旋大山3圈，就像螺絲般地環繞至山頂，然

●阿里山賞櫻、觀日出的人潮洶湧。

●阿里山森林步道。

後再以奇妙的「∞」字型駛離獨立山。火車繼續前進，來到一分道後，開始以「之」字形緩慢推進，此時從車窗往外看，你會發現火車時而前進，時而後推，好像就要「碰壁」一樣。就這樣，一路上充滿了驚訝好奇，來到阿里山。

夜宿阿里山賓館，隔天凌晨4點半從阿里山臨時站搭坐往祝山的小火車觀日出。

起建於1984年5月的祝山鐵路，從阿里山新站經十字分道、對高岳，到祝山，全長6.25公里，這條由國人自行建造完工的登山鐵路，聞名中外，專供遊客前往祝山觀賞日出，體驗山林之美景。

小火車在星光中開始前進，沿著海拔2000多公尺的高山蜿蜒邁進。走著，走著，天色漸明，車窗外的景物漸映眼簾，高大的杉木成林成片，煙雲飄渺，山林景色真是瞬息萬變，氣象萬千。

車行約1小時，便抵達海拔2451公尺的祝山觀日平台。

清晨6點20分，旭日從中央山脈之巔露出一點、三分之一、二分之一、三分之二，刹時金光熠熠，照耀整個山河大地，此時我彷彿看到了宇宙的神奇與壯麗。

前往阿里山森林遊樂區，除了可在嘉義車站搭坐火車外，開車由國道3號高速公路下中埔交流道，接台18線（阿里山公路），經觸口、龍美、石桌、十字路，循指標即可抵達。

看完日出，上午6點40分，開始回程，不搭火車，改由觀日平台徒步輕裝走觀日步道、遊覽步道和便車道下山，腳程約3個半小時。途經沼平、阿里山閣大飯店、姐妹潭、木蘭園、受鎮宮、阿里山賓館至商店區，正好是半天行程。值得一提的，每年3至4月中旬，阿里山櫻花季，遊人如織，山上綴植吉野櫻花、山櫻花、八重櫻、木蘭等花木，爛漫繁花，滿山絢麗，彷彿置身異國之中。

奮起湖老街　嘉義縣竹崎鄉中和村

奮起湖舊稱畚箕湖，地屬竹崎鄉中和村，海拔1405公尺，景色優美，三面環山，一面臨溪，清晨午後常雲霧繚繞，形如畚箕，故名「畚箕湖」。西元1910年，阿里山森林鐵道開通，位居鐵路中點的奮起湖，於是順應時

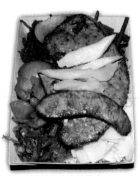

●雅湖古早味鐵路便當。

●奮起湖老街通往外地的石階。

●奮起湖老街。

勢需要，成為森林鐵路—阿里山蒸氣火車的中途補給站。

在台灣旅行，不難發現動不動便是近百年的老街。位於奮起湖火車站下方數百公尺的奮起湖老街，舊稱「街仔」，老街依山而建，保存了一條日據時代的老街道——以早期阿里山紅檜為建材，櫛比鱗次的店家排列著，和我一樣帶著挖寶尋奇心情的遊人非常多，老街短短窄窄的模樣，多了份撲拙祥和的熱鬧。

遙想19世紀中葉，奮起湖因山區農林礦開採，這條台灣地區海拔最高的老街，一度以山產市集、木屐和便當王國，而聞名遐邇。到了80年代，隨著阿里山公路開闢以及伐木業的逐漸沒落蕭條，昔日榮景已成過眼雲煙。其坎坷之命運，頗有台灣北部地區九份悲情城市的縮影。最近幾年，隨著

●天美珍火車餅。

●天美珍火車餅專賣店。

國內觀光事業發達，每逢假日，老街上人來攘往，車水馬龍，一幅熱鬧繁華的景象，為小小山城帶來新希望，奮起湖老街終於再度大放異彩。

如今，全長不到500公尺的老街上，除了膾炙人口的美食、茶坊之外，還有50年代低倭木造的民宅、古早雜貨店、藥舖、豆腐店、草仔粿店、便當世家、木屐館、特產店、文史工作室、自然生態圖書館、天主教堂和火車頭車庫…，這些伐木年代所留下的「古風印記」，為沒落的了奮起湖老街引進大批遊客與商機。夜幕低垂時，走在斑駁的石階小路上，彷彿穿越時光隧道，回到了百年前的過往年代。奮起湖除了人文懷舊老街之外，境內自然景觀豐富，還有日本神社、悶柴窯遺址、楓林峽、巨木林道、四方竹、糕仔崁古道、大凍山步道等自然人文景點，值得遊覽。

人們酷愛與世無爭的悠閒生活，是不分國界的，從假日洶湧的人潮景象，可以看出奮起湖老街已是阿里山風景區重要的旅遊勝地。

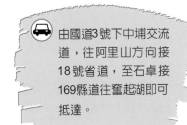
由國道3號下中埔交流道，往阿里山方向接18號省道，至石卓接169縣道往奮起湖即可抵達。

奮起湖老街名產 🔍

天美珍火車餅專賣店　嘉義縣竹崎鄉中和村奮起湖142號
(05) 256—1008
雅湖古早味鐵路便當　嘉義縣竹崎鄉中和村奮起湖112號
(05) 256—1097

瑞豐風景區

瑞豐村舊稱生毛樹，位於嘉義縣梅山鄉，即阿里山國家風景區西部，地處瑞里、梅山、草嶺中心位置，海拔450至1309公尺。終年雲霧繚繞，冬暖夏涼，是梅山鄉第二大村庄，也是嘉義縣著名「高山綠金茶」的首要產地。

瑞峰除了盛產優質高山茶之外，境內山水秀麗，原始森林廣大。因河床地形陡峭，而孕育許多瀑布奇景。美麗的瑞峰村，因此又有「瀑布之鄉」美稱。

群瀑中，以龍宮瀑布、雷音瀑布群和生毛樹瀑布，最為壯麗。雷音瀑布群共有五座瀑布，其中以雷音五號瀑布地勢最高。而龍宮瀑布與雷音五號瀑布，位在同一地點上。

龍宮瀑布在高聳入雲的峭壁右方，高約120公尺，一到雨季，匯集竹仔坑溪上游豐沛的水源，水勢磅礡。瀑布由懸崖凌空而下，水聲震耳，氣勢如虹，一派險峻無比的形勢啊，是瑞峰瀑布群中最壯觀者。值得一提的，

開車由國道2號下梅山交流道，接162縣道經梅山後，走162甲縣道即可抵達。

●龍宮瀑布遠眺。

龍宮瀑布上層岩壁凹壁處，有一道如夢似幻的水濂洞，循山徑上去便可登臨。峭壁左方為雷音五號瀑布，高30公尺，雖不及龍宮瀑布雄偉，但卻平易近人，水流終年不絕。此處樟、榕、柳杉等常綠闊葉林隨處繁生，十分好看。前往生毛樹、龍宮和雷音等瀑布群，由162甲縣道36.5K處，循步道前往。全程約3公里，來往一趟需半日時辰。

瑞豐風景區食宿 🔍

會計的窩　嘉義縣梅山鄉瑞豐村生毛樹12之1號　(05) 250-1216
賴坤陽的家　嘉義縣梅山鄉瑞豐村新興寮22之1號　(05) 250-1578
雅芳渡假木屋　嘉義縣梅山鄉瑞豐村26號　(05) 250-1747
竹林休閒小木屋　嘉義縣梅山鄉瑞豐村杏埔21號　(05) 250-1483

┃來吉鐵達尼大峭壁人文生態之旅 ↪

嘉義縣阿里山鄉，除了聞名中外的阿里山森林遊樂區外，尚有豐山、來吉等風景區，其中豐山風景區有千人洞、滴水成金、蛟龍大瀑布等著名景點。

●別具特色的來吉原住民茅草屋。

●壯觀的來吉鐵達尼大峭壁。

●壯觀的來吉鐵達尼大峭壁。

位於本鄉阿里山溪畔的來吉，原名拉拉吉（Lalatsi），海拔1000公尺左右，為鄒族部落的一支，主屬特富野社。境內高山流水，有塔山（海拔2482公尺，為鄒族聖山，祖先安息之所），以及阿里山溪、瓦嘟嘟娜溪、三龍溪環繞，景致優美，鄰近瑞里風景區，是嘉義縣山地鄉中較偏遠的一村。

村內純樸和樂，保留許多鄒族文化的濃郁味道，有傳統工藝和原住民豐年祭、戰祭等習俗，包括鎮山之寶（陽具崇拜圖騰）、哈謨瓦那工藝館、鄒族部落村、天籟歌舞、鄒族文物館、長老教會、塔山工作室等人文景觀。另有天水瀑布、石夢谷、

●壯觀的來吉鐵達尼大峭壁。

斯比斯比大峭壁，以及特富野古道內的雨林生態⋯，風光怡人，景色渾然天成，值得探訪。其中，斯比斯比天然大岩壁位於內來吉阿里山溪一帶。堅實陡峭的大岩壁，高入雲天，為一長近百餘公尺，寬約60公尺，壁面呈

75°斜角的淺海板岩和砂岩所構成。岩層中夾帶波紋狀沉積痕跡與海生物貝類化石，記錄了遠古時代，台灣因菲律賓及歐亞大陸板塊相互推擠，由海中隆起的一段造山運動。從遠處望去，斯比斯比岩外型酷似電影「鐵達尼號」的船頭，因此又稱「鐵達尼大峭壁」。

開車由國道3號下古坑交流道，往樟湖方向走158甲縣道，經樟湖、外湖，走149甲縣道，經草嶺至來吉。到來吉後，循嘉155鄉道，過來吉大橋，經鎮山之寶、不舞工作坊、哈謨瓦那工藝館、瞭望台。前行不久，看到高高在上的來吉吊橋出現眼前，在三叉路轉彎，改走產業道路上山。沿著蜿蜒曲折的陡坡上去，至停車場後，下車徒步450公尺，即可抵達。全線屬高難度、急轉彎爬坡單行道，建議駕駛高底盤車輛上山。

豐山風景區

豐山村隸屬嘉義縣阿里山鄉，為阿里山鄉唯一平地人村落。座落於雲林、嘉義、南投3縣交界處，俗名石鼓盤，海拔750公尺。四周群山環繞，人跡罕至，儼然形成一盆地狀的世外桃源。其形如碗盤，渾然天成，被喻為「阿里山明珠」，是南台灣旅遊、登山健行的好去處。

●蛟龍大瀑布。

●世外桃源豐山村。

　　本村有60多戶人家，居民靠苦茶油、野生愛玉、芋頭、竹筍和野菜等山產維生。區內群巒疊翠，一千公尺以上的大山聳立。蒞臨此地，如入人間仙境，沒有一點文明的污染，所接觸的是一片蒼翠連天的山光水色。

　　位於豐山東南方，有蛟龍大瀑布，瀑高600餘公尺，高聳入雲。每逢雨季，飛瀑由塔山（海拔2484公尺）尾稜峭壁傾瀉而下，瀑分兩層，氣象萬千。遠望有如雲龍飛洩一般，十分雄壯，為全東南亞落差最高的瀑布。此外，位於豐山東方密林，海拔1845公尺山中，有座千人洞，洞長250公尺，寬60公尺，略成弧狀，可容千人。進入洞內即可聽到奇特的天然迴音，堪稱台灣最大洞穴。由於巨洞前方有高大的樹林重重阻隔，加上小瀑布，終年水流不斷，適合藏身頗具隱密性。二次世界大戰末期，據說曾有大批日軍在此躲避盟機空襲。除此以外，豐山風景區還有神奇的山泉—點石成金、吊橋、石盤鼓瀑布群、花岡水上青、蛇樹下蛋、梅花嶺、石夢谷，雄嶽瀑布、竹林仙壁和仙樹抱石等天然

 開車由國道2號下梅山交流道，往古坑方向走158甲、149乙縣道，經草嶺即可抵達。

嘉義縣市

奇景。於每年3月中至6月上旬，天雲谷一帶也富有螢火蟲等現今台灣少見的生態景觀。

　　為了方便遊客賞景，整個景區以豐山村為中心點，向四周規劃了3條健行路線。每條路徑長短不一，各具特色，值得撥冗前往一遊。

豐山風景區食宿 🔍

豐賓山莊　嘉義縣阿里山鄉豐山村21號　（05）266-1047
豐吉飯店 嘉義縣阿里山鄉豐山村24號　（05）266-1363
楓葉山莊 嘉義縣阿里山鄉豐山村52號　（05）266-1197
觀景民宿 嘉義縣阿里山鄉豐山村60之1號 （05）266-1437
明月山莊 嘉義縣阿里山鄉豐山村61號　（05）266-1246
仙夢園 嘉義縣阿里山鄉太和村全仔社6號 （05）266-1661

●觀景民宿。

瑞里燕子崖、千年蝙蝠洞

　　瑞里位於嘉義縣梅山鄉，海拔1200公尺，距阿里山約1個半小時車程。早期爲鄒族人獵場，西元1797年漢人先後移入本村－科仔林、九芎林和幼葉林諸山，統稱爲「瑞里村」。村內群山環繞，茶園處處，自然人文景觀豐富，有日出、雲海、瑞太古道（瑞里至太和，全長5.2公里，走完全程需2個半小時）、綠色隧道、雙溪瀑布、千年蝙蝠洞、交力坪、青年嶺、燕子崖、雲潭瀑布、長山觀日峰和百年古厝等風景點。除此以外，每年3至6月假日期間，從台灣各地前來觀賞螢火蟲生態的遊客不絕於途。台灣的螢火蟲俗稱「火金姑」，有30餘種之多，成蟲羽化後，閃著點點螢光，喜歡在無風、溫暖的晚間，滿天飛舞找尋伴侶。成蟲交配後即完成使命，平靜地結束其短暫而燦爛的一生。

●瑞里壯觀的燕子崖天然奇景。

●瑞里茶園處處。

瑞里除了賞螢外，當地最有看頭的景點，當屬燕子崖、千年蝙蝠洞。

燕子崖位於生毛樹溪畔，由長約數百公尺，高40公尺的頁岩和砂岩層層相疊所構成的甬長峭壁，其中，質地脆弱的頁岩因長期風化、水流切割作用，形成許多平行的凹狀橫切線條。至於較堅硬的砂岩，則相對曝露於崖壁表層，而形成特殊的凹凸狀紋路。燕子崖相傳昔日有毛腳燕築巢於此，因此稱「燕子崖」。

蝙蝠洞距燕子崖只有短短幾步路，是燕子崖的延伸景物，因百萬年前河蝕、風化作用，而形成爲數眾多的蜂巢小坑洞，總長綿延200多

●瑞里瑞太古道。

公尺。據說，從前陽光照射不到的陰暗孔洞，常有成群結隊的蝙蝠棲息其中，謂為奇觀，所以稱之為「千年蝙蝠洞」。

🚗 千年蝙蝠洞、燕子崖位於瑞里生毛樹溪上游，入口處位於瑞里大飯店（今雲潭會館）附近，開車由國道3號高速公路下梅山交流道，往梅山方向接162甲縣道，經太平、碧湖、瑞峰，接122鄉道至23.5K瑞里大飯店。由瑞里大飯店停車場徒步前往，經情人吊橋、燕子崖、蝙蝠洞，然後折返瑞里大飯店，沿溪繞行一圈約2公里，來回需1小時腳程。

阿里山、瑞里住宿旅遊指南 ➕

　　阿里山屬國際性熱門觀光景點，每逢假日人車絡繹，一房難求，上山前請事先預訂房間。
阿里山賓館 嘉義縣阿里山鄉香林村16號 （05）267-9811
青年活動中心 嘉義縣阿里山鄉香林二萬坪106號 （05）267-9561
力行山莊 嘉義縣阿里山鄉中正村38號 （05）267-9634
櫻山大飯店 嘉義縣阿里山鄉中正村39號 （05）267-9976
神木賓館 嘉義縣阿里山鄉中山村50號 （05）267-9666
阿里山天主堂 嘉義縣阿里山鄉中山村57號 （05）267-9602
嘉義森林管理處 （05）278-7006
嘉義火車站 （05）222-890
阿里山遊客服務中心 （05）267-9917
阿里山火車站 （05）267-9200

青葉山莊 嘉義縣梅山鄉瑞里村10 號 (05) 250-1031
若蘭山莊 嘉義縣梅山鄉瑞里村10—1號 (05) 250-1210
歐香園渡假村 嘉義縣梅山鄉瑞里村103 號 (05) 250-122
梅花山莊 嘉義縣梅山鄉瑞里村103—1號 (05) 250-1668
雲潭會館 嘉義縣梅山鄉瑞里村24號 (05) 250-1310

阿里山、瑞里風景區建議行程

阿里山、大凍山2日遊

第1天：國道三號高速公路下中埔交流道→台18線→阿里山（夜宿）
第2天：阿里山→石卓→奮起湖→大凍山國家步道→來吉→豐山→草嶺

阿里山大眾化2日遊

第1天：國道三號高速公路下中埔交流道→台18線→阿里山（夜宿）
第2天：阿里山祝山觀日出（買單程車票），回程下山走觀日步道→沼平→阿里山閣大飯店→姐妹潭→木蘭園→受鎮宮→阿里山賓館→商店區

草嶺、來吉、瑞里精華2日遊

第1天：國道三號下古坑交流道→158甲縣道→149甲縣道→草嶺蓬來瀑布→來吉鐵達尼大峭壁→瑞里（夜宿）
第2天：瑞里綠色隧道→瑞里大飯店（今雲潭會館）→燕子崖→千年蝙蝠洞

達娜伊谷　嘉義縣阿里山鄉山美村　達娜伊谷自然生態保育公園
（05）251—3246

開放時間：每日上午8：00分至下午5：00

　　達娜伊谷（Dannayiku）為鄒族聖地，境內達娜伊谷溪，海拔500公尺，風光明媚，生態景觀豐富，屬於曾文溪上游的一條支流，溪長18公里。部落於民國78年初，開始有「生態保育作為觀光資源」的新構想。到了民國84年元月，成立「達娜伊谷自然生態保育公園」，由社區居民組成護魚巡守隊，全面禁止捕魚，成為嘉義縣轄內第一條封溪護魚成功的溪流。自從開辦以來，村民日夜守護，無怨無悔。數年後，終於開花結果——達娜伊谷溪一度瀕臨絕種的鯝魚生態，日益豐沛茁壯，成為大眾矚目焦點。

　　沿著溪岸步道前行，碧空如洗，兩岸綠樹挾蔭。在原始風貌的溪谷中，巨石嶙峋，溪水清澈見底，一股流暢的禪味迴盪在山谷野溪之間。但見溪中，成群結隊的大小魚蝦自在悠游水中，發出耀眼的閃閃銀光。如此美妙景象，讓我找回遺失的跫音——想起許多快樂的童年時光。

●達娜伊谷溪，魚兒成群結隊。

●達娜伊谷。

●鄒族原住民傳統歌舞。

●鄒族原住民傳統歌舞。

●鄒族原住民傳統歌舞。

　　山美村除了自然生態保育公園之外，公園入口處有鄒族原住民傳統歌舞展演場，每日表演3場，吸引無數遊客前來觀賞。

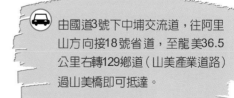
由國道3號下中埔交流道，往阿里山方向接18號省道，至龍美36.5公里右轉129鄉道（山美產業道路）過山美橋即可抵達。

茄苳風景區
嘉義縣竹崎鄉光華村　在地嚮導羅清標、涂永興

（05）258—1073

●茄苳風景區高聳的岩壁。

●茄苳仔風景區花木扶疏。

茄苳風景區位於竹崎鄉光華村，即石卓前往達邦的大華公路一帶。境內風景秀麗，怪木林立，有八足怪木、茄冬神木、馬頭樹、人字頭等奇特植物生態造型。此外，還有臥龍谷、石獅嶺、十里亭、望鄉台、天雲山、赤壁斷崖和彩雲瀑布等風景據點，自然景觀豐富，令人嘆為觀止。

八足怪木是棵百年的老榕樹，綠蔭蔽天，樹形奇特，以類似八瓜魚的氣生根樹幹，突出地面，看去崢嶸頭角，有點陰森可怕。接著循著產業道路前行數十分鐘，穿過一片茂密竹林，眼前出現一座日據時代木板橋、枕木階梯，接著便到一處巨石谷。

臥龍谷又名石盤谷，地屬竹崎鄉水社寮，位於阿里山森林鐵路交力坪與奮起湖兩站之間。但見谷中巨岩羅列，潺潺溪水沿著陡峭的河床流下，幾經歲月沖蝕，成為一段段的天然S形，有如蟠龍蜷臥一般，因而得名。

由國道3號下中埔交流道，往阿里山方向接18號省道，至石卓接159甲鄉道，過柑仔宅尾即可抵達。

●臥龍谷。　　　　　　　　　　　●八足怪木。

　　每當雨季，水勢洶湧，溪流沿著螺形洞口急瀉而下，形成一道道白絹飛洩似地小瀑布奇景，沙淨水瑩，是何等醉人的景色。的確，能偷得半日閒情，在這滿眼翠綠、山林環抱的谷地上逗留片刻，真是無限舒暢。然而，茄苳風景區地形複雜，屬尚待開發區，無嚮導和體力者，請勿貿然前往。綠花園民宿（05）258—1074

天長、地久吊橋，龍隱寺　嘉義縣番路鄉觸口村1號
（05）259—1322

　　八掌溪原名「八獎溪」，發源於阿里山山脈的奮起湖，全長81公里。潺潺溪水，蜿蜒西流，流經嘉義縣、嘉義市以及台南鹽水、

●龍隱寺夜景。

●天長吊橋。

●地久吊橋石獅。

學甲、北門等市鄉鎮，為嘉義、台南兩縣的界溪。早年村民往來番路鄉獨寮山、觸口村兩地，全靠吊橋聯絡。始建於民國26年的天長、地久兩座吊橋，一上一下，位於阿里山公路（18號省道）旁，全長各為73和168公尺。古樸的吊橋，猶如2道長虹，沈穩地橫跨在溪道兩岸，人們跨水越谷的同時，彷彿也述說了一段地緣歷史的結束與開端…。古意的橋架，線條優美，搖曳生姿，把四周翠綠的山林，烘托得異常耀眼奪目。橋下流水淙淙，與遠山近樹，構成一幅如詩似畫的美景。此時走在橋上，微風撲面，清涼沁人，真令人心曠神怡。

觸口龍隱寺座落於阿里山公路旁，即天長與地久兩吊橋附近，始建於民國79年，寺貌莊嚴，香火鼎盛。主祀濟公活佛。早年一度因拍攝「濟公」、「濟公活佛」等電視連續劇，而聲名大噪。寺內建築精緻，包括石獅、龍柱、龍虎堵等雕作，更是美輪美奐，讓人嘆為觀止。如今龍隱寺，與天長、地久吊橋同為阿里山公路沿線著名風景點之一。

 由國道3號下中埔交流道，往阿里山方向接18號省道，至觸口村即可抵達。

大埔風景區　嘉義縣大埔鄉

　　嘉義縣大埔鄉原名「後大埔」，位於嘉
義縣東南邊陲地帶，即曾文水庫上游，海
拔230至1100公尺，三面群山環抱著一湖碧
波，曾文溪蜿蜒其中，全鄉總面積 173 平
方公里，素有「水岸之鄉」美稱。

　　自嘉義市區一路風塵僕僕而來，走在
蜿蜒曲折的台3線上，微風撲面，清涼沁
人，而曾文水庫波光粼粼，曉煙夕
嵐，氣象萬千，讓人暑氣全消。

　　印象中的大埔鄉，境內崇山峻
嶺，北與嘉義縣中埔鄉比鄰而居，早
在曾文水庫興建之前，這裡阡陌良
田，綠油油的一片稻田，在南台灣豐
沛的陽光下益顯耀眼。然而好景不
常，民國 62 年，300多甲的稻田、蔗

●大埔風景區情人公園。

●情人公園。

●湖濱公園。

●大埔風景區湖濱公園。

●大埔北極殿玄天上帝廟。

●風光明媚的曾文溪上游。

由國道3號下中埔交流
道,往阿里山方向走
18號省道,於十字路
接台3線省道南下大埔
即可抵達。

園,隨著曾文水庫大壩的完工,一夕之間,全沒入了水中。如今的大埔鄉耕地面積不復往昔,跼限在曾文水庫與3號省道之間的河階盆地上。

　　大埔鄉位於曾文水庫畔,風光明媚,有湖濱公園、情人公園、北極殿玄天上帝廟、曾文寺七寶塔,以及帶官帽的土地公廟等風景據點。來到恬靜的大埔農庄、街坊,你不妨放慢腳步,前往

湖濱公園和情人公園等地遊覽。肚子餓了，可以在老街上品嚐當地特產——鮮美可口的大頭鰱、草魚、鯰魚…。喜歡冒險刺激的朋友，還可坐上當地特有的水上小巴士（膠筏交通船），欣賞美麗的湖岸風光景色。再不然，可以走茶山風景線方向，參訪大埔拱橋、青雲瀑布、攔沙壩、茶山部落和茶山瀑布等美麗景點。

● 民雄肉包　嘉義縣民雄鎮建國路一段17號
　　　　　　(05) 226—2320
　　具有50年歷史的嘉義民雄肉包，內餡採用當地新鮮竹筍，搭配精選鮮肉、香菇和蛋黃，香鬆可口，皮Q餡多。熱騰騰的古早味肉包，口味超讚，讓人吃了回味無窮。

● 民雄鵝肉亭
　嘉義縣民雄鎮和平路33號
　(05) 226—9309

北回歸線紀念碑

嘉義縣水上鄉下寮村鴿溪寮21—25號　(05) 286—4905

開放時間：星期二到星期日，上午9：00至下午5：00（週一休館）

　　嘉義縣水上鄉北回歸線標位於嘉義車站南方約4公里處，始建於清光緒34年（1908），

　　是全世界第一座北回歸線紀念碑塔。近百年來，幾經整修後，始成今日「飛碟」造型模樣。因鄰近1號省道，交通方便，造形新穎，成為嘉義縣重要的觀光景點。

●第5度重建的北回歸線標。

●北回歸線太陽館。

北回歸線爲世界地圖上的一條緯線，位於北緯23.27度27分4秒51，是天文學上，赤道面與黃道面的交角等值線，也是熱帶和亞熱帶區分界線。換句話說，北回歸線以北屬亞熱帶型氣候，以南則是熱帶型氣候。每年夏至（國曆6月21或22日）這天，陽光直射北回歸線，中午立竿不見陰影，是全年當中白晝最長、黑夜最短的一天。北迴歸線通過16個國家，目前全球共有9座北回歸線界標，全數分佈於台海兩岸。其中台灣佔了3座——嘉義縣1座，花蓮縣2座。

西元1964年1月18日台灣發生嘉南大地震，北回歸線紀念碑受損嚴重，於1968年委由嘉義空軍基地設計施工。第5度重建的北回歸線標，混凝土造，成三角柱體直立狀，高大聳立，上刻「北迴歸線標」字樣，碑頂有座圓型方位儀，爲昔日遊客觀光留影的好去處。

由於北回歸線是台灣的重要地標，因此嘉義縣政府於水上北回歸線紀念碑旁，另闢北回公園和新紀念物，園區總面積約爲3.1公頃，爲全縣的科學教育中心。

第6代新建的「北回歸線太陽館」完成於1995年，座落於北回公園內，爲全球最

●早期的北回歸線標。

具規模的北回歸線地標。標塔高28公尺，
樓分5層，標誌外型成「飛碟」模樣，造
形美輪美奐，做爲科學展示、陳列等用
途。1樓爲天文教育中心，2、3、4樓規劃
爲天文教室，頂樓則闢爲太陽主題展覽

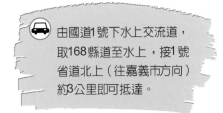

由國道1號下水上交流道，
取168縣道至水上，接1號
省道北上（往嘉義市方向）
約3公里即可抵達。

館。館內有多樣天文地理設施，包括3D立體劇場、天文望遠鏡、天象觀測
圖等等，深具旅遊休閒、教育文化意義，吸引許多遊客前來參觀。

布袋鹽田、好美寮自然保護區　嘉義縣布袋鎮中正路1號
(05) 347—5555

　　布袋鎮位於台灣西南海岸，由於特殊的潟湖地形，出入口只有一個，
其地形有如布袋一般，所以老一輩的人稱呼爲
「布袋嘴」。早期，布袋嘴產鹽，與大陸廈門通航
頻繁，百帆雲集，海客商旅不絕於途，成爲熱鬧
無比的港滬，一度有「小上海」美稱。如今的布
袋，就像濃粧豔麗的貴婦，繁華落盡，由燦爛歸
於平淡。然而，具有百年曬鹽歷史的「鹽田夕照」
古鎮依舊迷人。

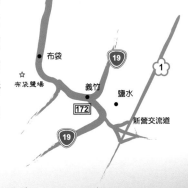

●布袋港口。

●布袋鹽山。

　　嘉義縣西南沿海地區，沙岸平直，氣候隱定，自古以來即為產鹽、曬鹽的絕佳產地。光復後，政府在台灣西海岸設置了鹿港、布袋、北門、七股、台南安平和高雄烏樹林等6大鹽場。其中布袋，由於曬鹽歷史悠久，加

●龍園旅館。

上得天獨厚的自然環境，而造就了當今一望無際的鹽田、鹽山景象，成為台灣最大的鹽場。

　　開車沿著西濱快速道路（台17號省道）一路走去，眼前出現綺麗壯闊的鹽田景象。風塵僕僕地來到布袋國小對面的鹽場展示中心，踩踏在先人曬鹽、挑鹽的土地上，這裡有昔日南台灣鹽工渾汗，以及樸拙運鹽小火車的身影…，再再述說著一幕幕布袋鹽田的歷史故事。當日下塌旅店，頂樓視野極佳。極目四顧，整個布袋鹽田風光，盡收眼底。

布袋除了鹽田、鹽山外，位在港口南邊的「好美寮自然保護區」，可見一整片的紅樹林，裡面棲息著小白鷺、牛背鷺和夜鷺。除此以外，布袋的天然潟湖區，也是值得一遊的景點。在炎炎的夏日午後，你可偷得半日閒情，坐在渡輪上，欣賞瀲瀲波光中的水鳥、各種螃蟹、石礦和海茄苳等潟湖生態景觀，真是人生一大樂事。

 由國道1號下新營交流道，接172縣道西行，過鹽水、義竹至布袋，循17號省道北行即可抵達。

布袋鹽田、好美寮自然保護區食宿

龍園旅館　嘉義縣布袋鎮東港里埔仔厝205號
　　　　　(05) 347—4618、0937—713367

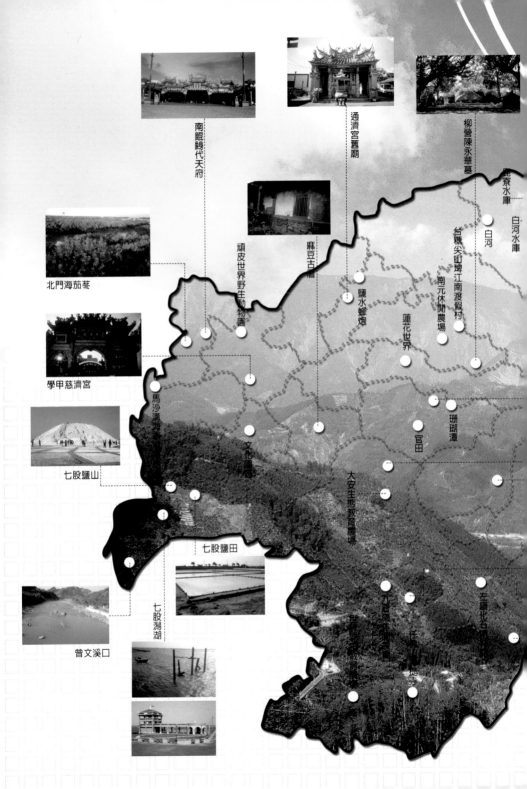

南鯤鯓代天府

通濟宮舊廟

柳營陳永華墓

鹿寮水庫

白河水庫

白河

台糖尖山埤江南渡假村

南元休閒農場

北門海茄苳

麻豆古厝

頑皮世界野生動物園

鹽水蜂炮

蓮花世界

學甲慈濟宮

馬沙溝海水浴場

文化園區

官田

珊瑚潭

七股鹽山

大安生態教育農場

七股鹽田

曾文溪口

七股潟湖

左鎮化石

任地學手

South Taiwan Travel Manual

台灣旅遊快易通

南台灣自由行

白河大仙寺

關仔嶺溫泉

西口營地

龍王瀑布

火山碧雲寺

烏山頭天壇

幽情瀑布

善化沈光文紀念碑

走馬瀨農場

寶光聖堂

虎頭埤

草山月世界

台南縣

台南縣

　　台南縣位於嘉南平原，土地遼闊，全境面積2016平方公里，是台灣的農業大縣。轄內濱海地區，從南鯤鯓到七股一帶，人文薈萃，古廟甚多，有關仔嶺大仙寺、碧雲寺、新營通濟宮、學甲慈天宮、西港慶安宮（燒王船儀式）、南鯤鯓代天宮（二級古蹟）等大小廟宇約400餘座之多，是台灣信奉王爺寺廟最多的縣市，也是台灣早期歷史的起點。

　　每年農曆正月十三至十五日，本縣鹽水鎮武廟，照例舉辦盛大的「元宵節廟會活動」一連續3天燃放蜂炮，藉時人來攘往，萬頭鑽動，熱鬧的場景，盛況空前。

　　本縣除了歷史悠久、豪情奔放的廟會民俗活動，轄內八掌溪、曾文溪、急水溪和二仁溪等河流，貫穿其間。另有曾文、官田鄉與六甲鄉交界處的烏山頭水庫和北門、七股等天然潟湖。隨著台灣經濟重心的漸次北移，得以保留部分原始豐富的生態景觀。如今，每年10月至翌年4月間，在

●走馬瀨農場是台南縣著名的風景區

台南官田菱角

　　菱角又稱「水栗」屬一年生水生植物，每年的9月下旬至10月間為菱角盛產期。官田菱角屬優質二角菱，吃起來香鬆綿密，口感甚佳。每年4到12月期間蒞臨官田，但見綠油油的一片菱角田，煞是美麗。為了增進大眾對菱角田生態的認識與了解，官田鄉農會提供遊客團體解說導覽服務（06）579─1221

●每年七、八月，白河鎮的蓮花就像一幅水墨花卉。

曾文溪口可見溼地、紅樹林、招潮蟹及來台渡冬的黑面琵鷺。除此以外，還有七股蚵仔寮、鹽山、鹽田，走馬瀨農場與奇美博物館等獨特的人文產業風貌，得天獨厚的觀光資源，使本縣成為台灣重要的農漁產區和旅遊觀光勝地。

　　提到觀光旅遊，位於白河的關仔嶺泥漿溫泉，以具有美容護膚奇效的濁泉，而遠近馳名。每年的7、8月間，白河鎮照例舉辦「產業文化蓮花節」。屆時水中蓮花朵朵，荷葉田田，一幅清雅飄逸的水墨花卉，煞是好看。適逢週休假日到台南縣走走，既新鮮又充實，會是個不錯的選擇。

台南縣旅遊資訊 🔍

奇美博物館 台南縣仁德鄉保安工業區奇美實業大樓
（06）266–3000轉1608
麻豆代天府 台南縣麻豆鎮南勢里關帝廟60號（06）572–2133
走馬瀨農場 台南縣大內鄉二溪村唭里瓦61號（06）576–0121
鹽水武廟 台南縣鹽水鎮武廟路87號（06）652–1264
震興宮 台南縣佳里鎮佳里興325號（06）726–0348
金唐殿 台南縣佳里鎮中山路289號（06）722–3392
南鯤鯓代天宮 台南縣北門鄉鯤江村蚵寮976號（06）786–3711

關仔嶺溫泉 台南縣白河鎮關嶺里

　　台灣位於太平洋造山帶上，山高谷深，地層變動頻繁。包括沼氣、溫泉和泥火山等地熱資源豐富。根據最新資料，全台從北到南，包括北部大屯火山系、中央山脈兩側以及花東縱谷海岸等地區，約有128處溫泉，台灣是全球溫泉密度最高的地方。

　　台灣的溫泉除數量眾多外，還分成許多不同種類。像北投屬酸性硫磺泉，陽明山屬弱鹼性硫磺泉，烏來、谷關、東埔和屏東四重溪等屬弱鹼性碳酸泉，而其中，較特殊的台南縣白河關仔嶺屬鹼性碳酸濁泉，與北投、陽明山和屏東的四重溪，並列為台灣4大名泉之一。

　　關仔嶺溫泉發現於1898年，在日治時代便已遠近馳名。有「黑色溫泉」之稱的關仔嶺溫泉，位於枕頭山北麓，為世界罕見的3大泥漿溫泉之一，景觀獨特，在日治時代已建有溫泉旅社。熱氣沸騰的溫泉來自枕頭山附近的

●台灣山高谷深，是全球溫泉密度最高的地方。

滾水溪左岸，豐沛的水量，由地層石縫中不斷湧出，引流至關仔嶺的大小溫泉飯店，有男湯、女湯、溫泉SPA、檜木桶泡湯、露天溫泉池等設備，提供遊人舒適的泡澡享受。溫泉中挾帶著鹽質和泥岩微粒，呈灰黑顏色，滑膩而含高硫磺成分。泉溫約74℃，味道苦澀，可沐浴但不能飲用。聽說對消除疲勞、皮膚過敏及美容等具相當療效，是不可多得的天然養膚聖泉，是否屬實，讀友不妨一試。

　　最近幾年，隨著時代進步、國內生活素質普偏提高，優質且兼具美容療效的溫泉休閒區，如雨後春筍般地蓬勃發展，頗受國人的喜愛。在冷颼颼的天氣裡，到關仔嶺溫泉泡個暖暖的好湯，洗出健康美麗，似乎已成為現代人休閒生活中，放慢腳步的絕佳去處。

泡湯小百科

(1) 身體虛弱，患有心藏病、高血壓、皮膚有傷口者以及孕婦禁止泡湯，此外空腹或飯後、酒後，應避免入浴。

(2) 首先要留意浴室的通風，窗戶不宜緊閉，以免產生硫化氫中毒。

(3) 隨時注意身體水份的補充，必要時可事先準備礦泉水等飲料。

(4) 入浴前先將身體沖洗乾淨，並使身體適應水溫以後再下池。

(5) 溫泉溫度以45℃左右最適當。

(6) 每次泡湯時間以不超過15分鐘為宜，一天入浴次數最多不超過3趟。浸泡時間太長，容易造成血管擴張與皮膚過度乾燥等現象。

(7) 離池時請以大浴巾裹身，以免著涼。

(8) 泡湯時一旦出現頭昏、心跳過快或呼吸困難等異常現象，應馬上停止泡湯，並迅速離開澡堂。

關仔嶺溫泉風景區距嘉義市約30公里，開車由國道3號高速公路下白河交流道，接172縣道，經仙草埔即可抵達。

水火同源 台南縣白河鎮仙草里，距火山碧雲寺1公里處

關仔嶺位於枕頭山之巔，海拔275公尺，四周群山環抱，景色宜人，其附近有溫泉區、紅葉公園、水火同源、碧雲寺、大仙寺、福安宮、仙公廟、嶺頂公園和好漢坡登山道等名勝古蹟，是台南縣熱門的觀光景點。到關仔嶺，除了享受泡湯外，水火同源、碧雲寺和大仙寺也是遊客必到之處。

在日常生活中，我們都知道水火是相剋不容的，但關仔嶺的水火同源，卻是特殊且罕見的自然奇觀。名聞遐邇的水火同源又稱「水火洞」，在台南縣枕頭山西南方，離紅葉公園約3公里處。

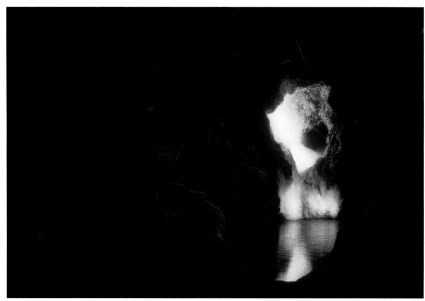
●水火同源奇觀。

冬行關仔嶺山區，最令人驚歎的，是山上的曉煙夕嵐。

循著蜿蜒曲折的山路，開車抵達水火同源下方的停車場。沿著陡峭的石階，拾級而上，山崗上花木扶疏，景色怡人。此時，崖旁奇妙的水火同源奇觀出現眼前。暖和的火光，在蒼茫暮色照映下，益顯耀眼奪目。

開車由國道3號高速公路下白河交流道，接172縣道，至仙草埔走南96鄉道，經大仙寺、碧雲寺，循指標即可抵達。

水火同源，火焰高約3尺，由大仙寺開山祖師參徹禪師，發現於1701年。因關子嶺火山地質結構特殊，崖壁隙縫中同時冒出天然氣和潺潺流水，天然氣一經點燃以後，便在水面上不斷燃燒，而形成火中有水，水中有火－水火相容並濟的奇特景象，常年吸引大批遊客來此賞景。

大仙寺 台南縣白河鎮仙草里岩前1號　(06)685-2143　《三級古蹟》

火山大仙寺位於白河鎮，背靠枕頭山，依山傍水，綠意無限。該廟始建於康熙年間，廟貌莊嚴肅穆，規模宏大，有大雄寶殿、觀音殿和三寶殿，為南台灣佛教的信仰中心。

●大仙寺是南台灣的佛教中心。

●大仙寺龍虎塔。

　　在路旁停好車子，走過大仙寺偌大的山門，經龍池、虎園，與一片濃蔭密佈的槎枒老樹後，前面映入眼簾的是，造形淡雅、彩繪古樸的內山門，門前一副楹聯：「佛門無相現妙相，門通十方無去來。」過了內山門，沿著台階拾級而上，台階的正中央，豎立「南無阿彌陀佛」金字碑，緊接著眼前出現一座巍峨的大雄寶殿。

　　大仙寺俗稱「舊岩」，自1701年參徹禪師起建草庵於此，迄今已300多年歷史，佔地遼闊，先後歷經多位住持。1925年曾先後恭迎東京妙心寺彌陀佛像和印度白玉佛像到此，而名噪一時。

相傳大仙寺爲「仙人拋網」靈穴，每晨昏之際，登高遠眺，整個嘉南平原盡入眼簾，令人心曠神怡。詩云：「萬頃平原茫似海，一輪曉日大於盤，林深泉洌春光艷，寺古雲封佛火寒。」此時習習涼風吹過，使人感受到一派南台灣蒼茫遼闊的旖旎風光，真有超然脫俗，氣象萬千的情懷。

●一片濃蔭密佈的大仙寺山門。

上了台階，進入大殿，殿內主祀釋迦摩尼佛，左右則供奉迦葉、阿難尊者。另有地藏王菩薩及註生娘娘陪祀於左右兩偏殿。位於兩側的方便門與無遮門，拱門和門扇紅藍相間的對比色彩，古意盎然，予人印象深刻的美感。

過了大雄寶殿，便到觀音殿。

舊有的觀音殿毀於1964年元月的嘉南大地震，埕前兩旁排列著的舊殿石珠，可爲過往滄桑的歷史作見証，在地震2年後，重建的觀音寶殿，主祀觀世音、地藏王和伽藍等菩薩。

繼往前行，來到三寶殿。楹聯：「大仙擁麟屏磬韻遙傳紅蝠洞，仙岩侔鷲嶺經聲遠苔碧雲鍾。」爲1960年4月聞人于右任先生所提的墨寶。三寶殿內主祀三寶佛，即釋迦牟尼佛、藥師佛

●大仙寺大雄寶殿。

●大仙寺觀音寶殿。

開車由國道3號高速公路下白河交流道，接172縣道，至仙草埔走南96鄉道即可抵達。

與阿彌陀佛，其建築以台灣50年代流行的磨石仔圓柱、柱聯爲主要特色。

寺後佔地廣闊，步道平坦長約1公里，林木茂密，環境清幽，走起來輕鬆自在。山上石凳、石碑林立，此外，尚有蓄水池、關房、聖法無方碑與清涼洞等聖蹟，值得參訪。漫步在青翠山林的後山小徑，恣意浸沈於這片超塵拔俗的世界裡，沒有人聲、車聲，令人心曠神怡，這是過去未曾有過的恬靜感覺。

白河關仔嶺旅遊路線規劃

國道3號下白河交流道→關仔嶺泡湯→水火同源→白河大仙寺→白河陶坊。

白荷陶坊 台南縣白河鎮崎內里38號 （06）685—0339（每星期二休息、蓮花季5至9月期間無休）

火山碧雲寺

台南縣白河鎮仙草里火山路1號 （06）685-2811 《縣定古蹟》

火山碧雲寺歷史悠久，聲名卓著，距大仙寺約3公里。原名火山寺，相對於大仙寺又稱「新巖」，其規模略遜於大仙寺。但兩寺同出一源，爲南台灣佛教界一方重要淨土，也是關仔嶺風景區的著名古刹。

該寺始建於清嘉慶年間，已有200多年歷史了，相傳爲大仙寺開山祖師參徹禪師的弟子鶴齡所建，寺產原屬大仙寺所有，到了1931年，寺院擴建

●火山碧雲寺全景。

後，爲方便管理起見，才正式從大仙寺獨立出來。火山寺百年來，歷經數度重修，尤以1974年大雄寶殿、長生殿落成，寺貌巍峨壯觀，具相當規模，是南台灣頗具知名度的佛教聖地之一。與大仙寺一樣，整體環境力求清雅脫俗，是修身養性的好處所。

　　過了前殿，一上台階，映入眼簾的是一座莊嚴肅穆的大雄寶殿。火山寺的大雄寶殿又名三寶殿，位於寺廟中心，軒昂宏麗，內祀釋迦牟尼、觀世音等菩薩。寺後迴廊通幽，有方岩砌成的高台，其上供奉碩大的白色觀音塑像，後壁上鑲有十八羅漢尊者浮雕作品，一派古樸高雅氣象。近黃昏，站在寺前遠眺嘉南平原，悠悠煙水，淡淡雲山。置身其間，視野遼闊，令人賞心悅目。

●火山碧雲寺前夕日遠眺。

關仔嶺旅遊路線規劃

國道3號下白河交流道→溫泉區→水火同源→火山碧雲寺→大仙寺。

舊廟通濟宮 台南縣新營市鐵線里40號 《三級古蹟》

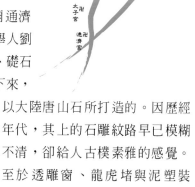

百年前，鐵線橋港與福建間的貿易頻繁，商旅海客不絕於途，附近有一海神廟，廟內主祀湄洲媽祖，陪祀地藏王菩薩和註生娘娘。香火鼎盛，為當地26庄的共同信仰。

位於新營鐵線里，僻靜鄉間的舊廟通濟宮，廟內「澤周海嶠」匾，係道光年間舉人劉達元所立，彌足珍貴。廟門兩旁的龍柱、礎石與三川殿上的石門枕，則是百年前留傳下來，以大陸唐山石所打造的。因歷經年代，其上的石雕紋路早已模糊不清，卻給人古樸素雅的感覺。至於透雕窗、龍虎堵與泥塑裝飾，則是1949年重建通濟宮時所留下來的古文物。

值得一提的，百年前，新營鐵線里附近，有座連接茅港尾堡與鐵線橋堡的索橋，此橋建於何時已不可考，但為了串連南北兩地的交通孔道，當時以一排排的竹芭作為橋面，兩岸以藤索及粗鐵線加以固定，因此這座竹橋又

●通濟宮為當地26庄的共同信仰。

●古樸素雅的龍堵泥塑裝飾。

●歷經年代的舊廟通濟宮古建築。

 開車由國道1號高速公路下新營交流道，往鹽水方向接172縣道、19甲，過太子宮即可抵達。

稱「鐵線橋」。而百年後的今天，鐵線橋堡與茅港尾堡之間，已經鋪上公路架起了水泥橋。至於那座繁華一時的鐵線橋津渡，終因港口淤塞，而漸趨沒落，最後消失在人們的記憶裡不復存在。徒留「鐵線里」地名和新廟通濟宮前埕左側的「再重脩鐵線橋碑記」，供後人緬懷、考證之用。

南鯤鯓代天府　台南縣北門鄉鯤江村976號　(06) 786-3711

　　台灣300年前的移民多為福建漳州、泉州和廣東的客家人，他們越過台灣海峽移居本島的同時，為了消災解厄、祈福納祥，常將家鄉供奉的鄉土神，一并接送來台奉祀。比如漳州人信仰開漳聖王，泉州人供奉諸姓王爺，而客家人則敬拜三山國王等等。這些

鄉土神隨著一批批的先民抵達台灣，落地生根，而逐步形成許多別具地方特色的「人群廟」。

在台灣以王爺為主神的寺廟多達600多座，其中台南縣南鯤鯓代天府位於台灣西南海岸，四面環海。始建於明永曆16年（1662），迄今已300餘年歷史。佔地59100坪，由兩座廟所組成。大廟代天府，主祀五府（李、池、吳、朱、范）千歲，俗稱五王或鯤鯓王，是全台規模最大與最古老的王爺總廟，經內政部核定列入二級古蹟。小廟萬善堂，供奉萬善爺（囝仔公）。

自開府以來，神靈顯赫，香火鼎盛。每逢農曆四月二十六日、二十七日，王爺誕辰，照例舉辦盛大的王爺祭。屆時300多萬信眾和進香團，由台灣各地紛擁而至，人車絡繹，熱鬧的場景令人感動，成為台灣宗教信仰中心之一。

●壯觀的南鯤鯓代天府牌樓。

●南鯤鯓代天府是全台規模最大的王爺總廟。

南鯤鯓代天府為名匠王益順所精心設計，建築宏偉，古色古香。規劃有擎天牌樓、慶成閣、海山鯉池、萬善公園、虎丘勝景、龍泉井、太子亭望月、舞龍鳴鳳亭、水濂洞天、滄海亭觀濤和大鯤園等勝景，蔚為壯觀。

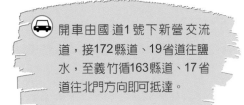

🚗 開車由國道1號下新營交流道，接172縣道、19省道往鹽水，至義竹循163縣道、17省道往北門方向即可抵達。

七股潟湖生態之旅，前進沙洲坐漁筏

七股潟湖位於台南縣西岸，東臨台61號快速道路（全國最長的公路），西濱台灣海峽。湖域面積1450公頃，是全台灣最大的天然潟湖。勤勞樸實的在地人，利用當地得天獨厚的鹹水資源，進行虱目魚、鹹水吳塱魚、蚵仔等海產養殖事業。其中，養蚵人家

幾佔全域80％左右。新鮮美味的海鮮足以供應當地需求。價格公道、服務親切的海鮮店在176縣道兩旁林立，已逐漸形成當地超人氣的海鮮街。

近黃昏，乘著漁筏遊覽於一片汪洋的七股潟湖，體驗一次豐盛的人文生態之美，但見水天相接，碧波萬頃。聽著低沈的馬達聲音，隨著漁筏出港。西邊天際已透出隱隱的落日餘暉，湖水由淺黛而緋紅，照映整片海田。海風陣陣，晚霞如詩似畫，變幻著震撼人心的美，好一派台江內海嫵媚風光。

●台南七股潟湖。

●水筆仔所形成的樹林又稱「紅樹林」。

乘風破浪，一行人來到潟湖上的一座無人島（網仔寮沙州），放眼望去，盡是一片翠綠的木麻黃防風林。走過木棧道，在沙質的潮間灘地，生長著一棵棵具有生態功能的水筆仔【Kandelia candel（L.）Druce】。水筆仔屬紅樹科，為常綠小喬木，水筆仔所形成的樹林又稱「紅樹林」。台灣地區的沙質溼地，十分適合水筆仔、海茄苳等紅樹林種植，但泥質潮間灘地，比如彰化沿海某些泥質溼地，因本身具備吸收海水沖刷的力量，倘若再刻意種植紅樹林，對原有生態環境反會造成破壞。回程上，迎著蒼茫暮色，漸漸地，湖水由明而暗，由暗而昏，海邊夜幕來得飛快。且帶著滿心歡喜，返回七股，同時為這趟感性的潟湖生態之旅劃下了圓滿句點。

讀友若想坐漁筏探索沙洲，可前往台南縣七股鄉龍山村龍山碼頭（06）787-5168。

🚗 開車由國道1號高速公路下麻豆交流道，往佳里方向接176縣道至龍山村龍山碼頭，搭坐漁筏即可抵達。

七股鹽山、台灣鹽業博物館 台南縣七股鄉鹽埕村69號

(06) 780-0990

開放時間：上午9：00至下午5：00

七股鹽山位於七股鄉鹽埕村，高聳入雲，狀似白雪皚皚，讓人彷彿置身北國雪山之中。七股鹽山是七股鹽埕區的高點，也是東南亞最大的鹽堆。

食鹽，是人們日常生活所需。鹽的用途十分廣泛，地球上有1／4是海鹽，3／4是岩鹽，其中，經由海水蒸發所製成的海鹽，取得相當方便。鹽NaCl氯化鈉，地球中含量很大，為可還原的原料。除20％作為食用和鋪路防止道路結冰外，其他多作鹼氯工業用途。

早期台灣的氣候環境，潮溼多雨，不適合曬鹽，其後，因政治因素而開始製鹽。明鄭時代，清廷在鄭氏陰影下，對台採取封閉政策。台灣當局在不得已情況下，只能接納參軍陳永華建議，開始在今天台南市鹽埕區曬鹽。日治時代，台灣的製鹽技術已大有進步，除了自用外，當時也外銷日本。

光復後，1965年政府在台灣設置鹿港、布袋、北門、七股、台南安平和高雄烏樹林等6大鹽場，其中，以七股鹽場佔地面積最大，其附近有278

●狀似白雪皚皚的七股鹽山。

公頃的將軍扇形鹽田，在人造衛星上可看得一清二楚，是當今台灣最大的人文產業地景。然而，好景不常，由於台灣雨量太多，一年曬到的鹽只有3公分的厚度，相較其他各國年產20公分。很顯然，台鹽公司所製造鹽的成本費用太高。2002年台灣曬鹽終於走入歷史。

●台灣最後一批自製鹽山。

如今，我們日常所使用的食鹽、沐浴用鹽或工業用鹽等，大多由西澳洲進口，然後在國內分裝販售。綜觀台灣製鹽歷史，338年當中，有60多年是私人自由買賣，其餘均由國家設「公賣局」管理。台灣製鹽在私人自由買賣期間，因經營鹽業致富的，有辜顯榮、陳中和、板橋林家等人。

踩踏在七股鹽田的土地上，這裡有先人曬鹽的艱辛腳印。順著鹽梯登上鹽山，山頂視野遼闊，眺望極佳。極目四顧，整個七股鹽埕村，盡收眼底。

七股除了潟湖、鹽山和鹽田景觀外，還有設備完善的「台灣鹽業博物

●台灣早期使用的鹽田水車。

館」可參觀。博物館為白色雙金字塔型建築，座落於台南縣七股鄉鹽埕村，內部有台灣曬鹽300多年的歷史寫照，有50年代七股鹽田的工作場景，還有令人印象深刻的世界文化遺址─波蘭鹽礦礦坑…，參觀一座台灣鹽業博物館，無疑瀏覽了一部台灣近代鹽業的開發史。

開車由國道1號高速公路下麻豆交流道，往佳里方向接176縣道，過龍山村、鹽埕村即可抵達。

建議行程

七股風情 1 日遊

國道1號下麻豆交流道→176縣道→佳里→七股鹽山→台灣鹽業博物館→坐竹筏遊七股潟湖。

黑面琵鷺保育區，曾文溪口賞鳥

曾文溪發源於阿里山山脈海拔2440公尺的萬歲山，全長138公里，自東向西流經嘉義、台南兩縣，水量充沛，為南台灣的重要河川之一。

曾文溪在台南七股附近出海，河海交匯處，生態景觀豐富，孕育數百種包括魚蝦貝類等潮汐生物，提供大量養分，吸引了大批水鳥在此覓食，成為候鳥的移棲地。

曾文溪口每年都有成群的鳥類過境，其中，備受國際間矚目的，每年10

●曾文溪為南台灣的重要河川之一。

至翌年4月間，在溪口可見數百隻由澳洲飛抵來台渡冬的黑面琵鷺。黑面琵鷺屬於朱鷺科，為瀕臨絕種鳥類，目前全球僅發現500隻左右。自從黑面琵鷺登陸台江內海，曾文溪口便一炮而紅，成為南台灣珍貴的賞鳥地點。

🚗 開車由國道1號高速公路下麻豆交流道，往西接176線，經佳里至七股，走17線，至永吉接173線西行即可抵達。

湖光山色，曾文水庫

曾文水庫位於台南縣楠西鄉，壩高133公尺，集水面積約17平方公里，晴光雨色，曉煙夕嵐，為目前遠東最大的水庫。工程浩大，自西元1967年開工到1973年，歷時6年才竣工。

曾文水庫除壯觀的水利工程景觀外，周繞群山環抱，一湖碧波，氣象萬千。聽說水庫上游大埔、鳥埔等地至今尚有原住民部落，可前往探索。其主要風景點，包括曾文青年活動中心、東口野營遊憩區、劍門溪瀑布、溪畔遊樂區、鳥宮花園、大壩紀念碑、景觀台和曾文好漢坡健行步道等等，山青水碧，波影橫斜，是南台灣週休假日的絕佳去處。

●曾文煙波。

●美景如畫的曾文水庫。

●曾文水庫為遠東最大的水庫。

曾文水庫食宿指南

　　如果你喜歡自然恬靜的湖光山色，不妨在曾文水庫住上一宿，水庫附近住宿地點大多集中於嘉義縣大埔鄉，有歐都納山野渡假村（05）252—1717、松竹美民宿（05）252—1166、大埔農會經營的「農情館」（05）252—2111等設備完善的旅店。此外，位於台南縣楠西鄉密枝村的曾文青年活動中心（06）575—3431和曾文山芙蓉渡假大酒店（06）575—2105，也是個相當不錯的食宿選擇。

週休二日建議行程

曾文水庫 2 日遊

第1天：國道3號下官田交流道→84快速道路→走馬瀨農場→玉井→3號省道→曾文水庫（夜宿）

第2天：曾文青年活動中心→東口野營遊憩區→劍門溪瀑布→溪畔遊樂區→鳥宮花園→大壩紀念碑→景觀台→曾文好漢坡健行步道。

開車由國道3號高速公路下官田交流道，往玉井方向走84號快速道路，過玉井、楠西即可抵達。

| 鹽水蜂炮 每年農曆元月十五日（元宵節），台南縣鹽水鎮關帝爺廟前 廣場

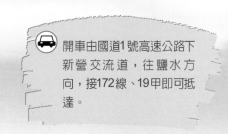

開車由國道1號高速公路下新營交流道，往鹽水方向，接172線、19甲即可抵達。

台灣不是佛教聖地，但是佛道各教寺廟多，神明也多，在地人對於早期先民從內地引進的傳統宗教活動尤其熱衷。我們從一年一度元宵節（文衡聖帝千秋），鹽水鎮關帝廟前廣場，擠滿著看熱鬧的洶湧人潮，可見一斑。傍晚6點30分，廟方宣佈關帝爺開始繞境，頓時全鎮陷入一片瘋狂。神轎所到之處，火光四射、各式鞭炮、蜂炮、炮城、火樹銀花…萬「箭」齊發，漫天煙火，響徹雲霄。看熱鬧的人們，是既愛看又怕受傷害，方圓30公尺內沒人敢越雷池一步。萬分驚險刺激的宗教儀式，就這樣，從黃昏沸騰到深夜，好不熱鬧。

| 鹽水八角樓 台南縣鹽水鎮中正路與中山路交叉口

台南鹽水鎮古稱「月津」，位於台灣西海岸八掌溪出海口附近。百年前，本鎮與大陸福建之間的貿易十分頻繁，海客商旅不絕於途，入夜後，千家燈火，一度是台灣重要的天然內港。

●鹽水八角樓夜景。

●鹽水八角樓正立面夜景。

位於鹽水鎮中心地帶的八角樓，始建於西元1845年，佔地300坪左右，原為三進二落式大厝。二次大戰期間，遭到美機轟炸，房屋倒

由國道1號下新營交流道，接172縣道往鹽水市中心方向，接南門路、中正路即可抵達。

塌，不得已拆除了前二進。如今八角樓，僅存第三進。第三進為葉家的兩層樓木造建物，看去古樸渾厚，古意盎然。儘管屢遭無情歲月摧殘，八角樓的格局已大不如前。然而，殘存的鹽水八角樓一直保留著昔日的古老風貌，至今仍是鹽水地區赫赫有名的木構建物。

八角樓以屋頂為八角造型而得名。整棟樓房均以上等大陸福杉、石灰和舶來石磚，精心建造而成。為了增加房子的耐用度起見，樓房的迴廊、窗櫺、樑柱等木構造部分，全靠繁複的木工接榫上去，不用一根鐵釘，充分地表現了台灣傳統建築技藝美感，同時也為鹽水地區過往的流金歲月，作了最佳的見證。

陳永華將軍古墓 台南縣柳營鄉果毅村 《縣定古蹟》

陳永華將軍古墓始建於清康熙20年。陳永華字復甫，福建同安人，精通孔孟學說與孫吳兵法。明永曆年間，鄭成功父子採納參軍陳永華的建議，百政具舉，寓兵於農，由北至南，開墾了雞籠、台北、竹塹、半線、水沙連、諸羅、鳳山與瑯嶠等地區。除了農墾外，他還獎勵製鹽、燒磚、製糖等製造

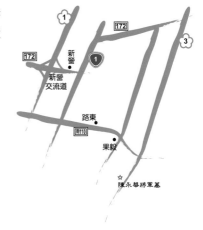

●陳永華將軍古墓。

業，同時在台南設立台灣府學，並通令各社設學校，陳永華對台灣政經文化的貢獻良多。

開車由國道1號高速公路下新營交流道，往新營方向，接172線道至柳營，過鐵路平交道經路東，至果毅村西行，古墓位於國道3號高速公路附近。

麻豆文旦、50年碗粿老店

台南縣麻豆鎮新生南路7號（麻豆圓環邊） （06）571—3125

●麻豆文旦。

麻豆鎮舊名麻荳，地處台南縣中西地帶，為平埔族語「眼睛中心」之意。

麻豆盛產文旦、大白柚，其中，文旦產量高居全台之冠。文旦屬柑桔類果樹，適合培植於排水良好的砂土中，每年中秋節前後，為文旦盛產期。

因此台南麻豆，每年9月照例舉辦「文旦節」活動。屆時人車絡繹，為一向純樸的南台灣小鎮，平添了不少熱鬧氣氛。

麻豆除了盛產文旦、大白柚外，這裡也是傳統美食——碗粿的一個重鎮。昔日台灣農村生活普遍忙碌，日常三餐常以碗粿裹腹。碗粿一時之間，供不應求，成為當地有名的美食。當你走進麻豆鎮內，四處可見許多碗粿招牌，尤其每到吃飯時間，食客絡繹不絕，成為當地頗具特色的人文景觀。因此，來到

●五十年碗粿老店。

●麻豆碗粿老店。

●古早味麻豆碗粿。

麻豆，除了品嚐當季美味可口的文旦和大白柚之外，千萬不要錯過，好吃料實的古早味麻豆碗粿。

 開車下麻豆交流道沿中山路（176縣道）進入麻豆鎮區，至圓環右轉新生南路即可抵達。

虎頭埤風景區　台南縣新化鎮中興路42巷36號　（06）590—1325

開放時間：每日上午6：00至晚上10：00

虎頭埤風景區位於台南縣新化鎮東郊，距台南市15公里，擁有27公頃廣大的潭面水域，背山面水，景致清幽秀麗，早在前清時代已被列入台灣十二大勝景之一。

水庫始建於清道光26年（1846），歷史悠久，潭水清澈，終年不涸，堪稱台灣第一水庫。其後方山形有如虎頭聳立，因此稱為虎頭埤。虎頭埤原為水利用水庫，引鹽水溪灌溉南台灣500多公頃的農地用水。因朝夕波光粼粼，景色優美，而發展出良好的水上遊憩區，「虎埤泛月」、「水橋虹影」美景，不遜

●虎頭埤虎月亭。

●虎頭埤水橋虹影。

●虎頭埤水上遊憩區。

而走，因此又有「小日月潭」之稱。

　　虎埤泛月環湖道路長約4公里，到沿岸各景點有環湖公路相通，以步行環湖一周需1小時左右。沿途遍植樟樹、相思樹，花木扶疏，生態景觀豐富。今闢有虎月橋、虎月亭、滑船區、涼亭、餐廳等多項設施。除了遊湖賞景外，風景區附近，另有觀光草莓園、忠烈祠、自然生態保留區、虎頭埤青年活動中心、台南高爾夫球場、露營區和跑馬場等休閒區，提供遊客住宿、用餐與遊樂之便利，是週休假日泛舟遊湖、散步賞景和野餐的絕佳去處。

開車由國道3號下新化系統交流道，接20號省道往新化方向，循168鄉道（中興路）即可抵達。

台南縣自然史教育館、菜寮化石館 🏛

台南縣左鎮鄉榮和村61—1號　（06）573—2385、573—1174

開放時間：星期二下午1：30
至下午5：00、星期三至星期日上
午8：30至下午5：00（週一全天、
週二上午休館）

　　左鎮位於台南縣東南端，地勢不高，面積74.9025平方公里。境內地勢起伏不定，形成半面山、峽谷、曲流、白堊土地形和刺竹植物等特殊地貌景觀。由於鄉內惡地地形發達，土質貧瘠，富含高鹼性，每逢大雨沖刷，貫穿本鄉的菜寮溪河床上，便散佈了許多古生物化

●菜寮化石館。

●菜寮化石館一角。

石，成爲眾多中外學者研究化石的必到之處。

　　西元1971年，有人在茉寮溪畔，發現了古老的「左鎮人」頭骨化石，這7片早期人類頭骨化石，距今已3萬年，爲台灣史前人類學考古研究上，開啓了一個重要的新頁。此外，同年9月，在溪畔附近，也發現一隻犀牛化石，這隻犀牛化石又稱「早坂犀牛」，距今約200萬年，是國內所見最完整的犀牛化石，其標本放置於台南縣自然史教育館內，提供遊客免費參觀。

●早坂犀牛化石。

🚗 開車由國道3號下新化系統交流道，循台20號省道往左鎮方向即可抵達。

草山月世界　台南縣左鎮鄉與高雄縣交界處　草山月世界大峽谷
(05) 573—0250、0930—819909

　　左鎮鄉草山月世界位於台南、高雄兩縣交界處，海拔308公尺，北臨草山溪、岡林溪。由於土石堅硬，屬高鹼性白堊土，缺乏有機質，植被生長不易。加上山脊嶙峋綿延，侵蝕風化作用特別明顯，呈現光禿一片的月世界荒地景觀。早晚時分，煙雲飄渺，山巒景色變幻萬千，勾勒出一幅幅壯麗的雲山潑墨畫景觀。

　　草山月世界有馬頭觀景點、要月吊橋、大峽谷、飛燕關、三〇八高地等風景點。走在岡林村往草山月世界的路上，沿途盡是

●草山月世界馬頭景觀。

●草山月世界大峽谷。

光禿成鋸齒狀、線條分明的懸崖峭壁，以及成片翠綠的刺竹景觀，隨著四季展現各種不同的地貌景觀。每年5、6月，夏日午後西北雨的隔天清晨4、5點左右，晨曦由草山月世界大峽谷冉冉上昇，此時空中金黃色的彩雲朵朵，彷彿孫悟空所駕「筋斗雲」般的壯麗，令人畢生難忘。來到三〇八高地，坐在土雞城景觀餐廳上，放眼望去，群峰相連到天邊，整個草山月世界令人動容的國畫美景，盡入眼簾。

●要月吊橋。

開車由國道3號下新化系統交流道，往左鎮方向接台20、20乙省道，過睦光橋右轉168、171鄉道，循308高地景觀餐廳方向即可抵達。

奇美博物館　台南縣仁德鄉三甲子59—1號　(06) 266—0808

開放時間：上午10：00至下午5：00，每逢星期一及單週六休館。

穿過一片綠地和勝利女神雕像，循著電梯，便來到奇美實業大樓的5樓。

這裡，由台灣傳奇企業家許文龍先生所創辦奇美博物館，成立於民國79年，位於奇美實業大樓的5、6樓。館內有美術館、自然史博物館、兵器館、樂器館、古文物館和產業技術館，其中，5樓展示西洋藝術和古典家具。6樓是兵器館、自然史館、文物館與樂器館，至於產業技術館則位於奇美實業公司的南科館。

> 🚗 開車由國道1號下仁德系統交流道，往保安工業區方向走86號快速道路，接1號省道過嘉南大學，左轉中正路（147鄉道）即可抵達。

5樓西洋藝術館中，收藏著許多文藝復興時期至19世紀的雕像、油畫，諸如法國卡波的名作「舞」、浪漫派大師羅丹的「吻」、以及羅丹女友卡蜜兒的作品「遺棄」等名家雕作。又如充滿祥和、寧靜的「伊勒港的渡船」、法國浪漫派畫家畢亞德的「北極海船難」、勒荷密特的「浣衣婦」，以及基斯林色彩鮮豔的「蒙巴拿斯的琦琦」等等。除了名畫雕作之外，5樓珍藏館中，還展示著許多古典家具，真可謂琳琅滿目，美不勝收。

來到6樓的兵器館，這裡展示著古今中外的許多刀槍、火炮，在各種兵器中，又以擺設在樓下，當作裝飾用的兩尊清康熙28年（1689）的「中國武成永固大將軍砲」，最引人注目。值得一提的，奇美的自然史館中，收藏著許多來自世界各地的動物標本、生物化石與隕石，諸多標本中，尤以鳥類的收藏量最為豐富，高居全亞洲第一位。蒞臨此地，你可一次看到許多罕見與瀕臨絕種的鳥類，包括南極企鵝、象牙啄木鳥、台灣帝雉與藍腹鷴等等，令人視野開闊，耳目一新。

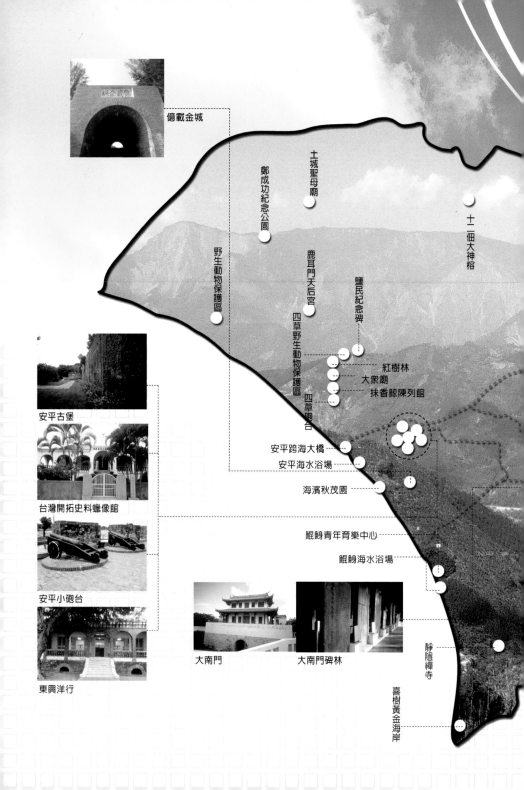

億載金城

土城聖母廟

鄭成功紀念公園

十二佃大神榕

野生動物保護區

鹿耳門天后宮

鹽民紀念碑

四草野生動物保護區

紅樹林

大眾廟

抹香鯨陳列館

四草砲台

安平古堡

台灣開拓史料蠟像館

安平小砲台

東興洋行

安平跨海大橋

安平海水浴場

海濱秋茂園

鯤鯓青年育樂中心

鯤鯓海水浴場

大南門

大南門碑林

靜隱禪寺

喜樹黃金海岸

South Taiwan Travel Manud
台灣旅遊快易通
南台灣自由行

赤崁樓　　　開基武廟　　　大天后宮　　　祀典武廟　　　三山國王廟

台南中山公園

成功大學

台南孔廟

開元寺

延平郡王祠

台灣糖業博物館

長榮中學

五妃廟

台南市

台南市

　　台灣歷經荷蘭、西班牙、明鄭、清代、日據時代，迄今300年間「風雨交加、顛沛流離」的日子過去了。古蹟是歷史的見證者，就像一面鏡子一樣，忠實地反映每個時代的背景和舞台。因此要認識台灣，到台南府城走走，便可知曉。

●台南孔廟山牆。

台南市位於台灣西南部，於1887年設府，為全台歷史最悠久的文化古城。府城早期為平埔族赤崁社遺祉，其後歷經荷蘭、明清、日治時代，以至於今日，逐漸有了現代化都市的雛形。

本市從荷蘭人築熱蘭遮、普羅民遮城…，到日治時期台南驛（今車站）竣工與新運河的開通。悠悠300年間，在歷史文化餘暉映照下，單單列級的古蹟就有52座之多，是台灣古蹟最多的城市。其中一級古蹟有7處，包括赤嵌樓、祀典武廟、大天后宮、孔廟、五妃廟、安平古堡和億載金城。此外，中區一帶的大南門及延平郡王祠等，其建物巍峨壯觀，別具特色，亦值得一遊。

●台南地院為近代文藝復興式建築。

●開元寺精美彩繪。

從「一府、二鹿、三艋舺」諺語，可知本市深具歷史意義的古蹟蘊藏豐富，不管從寺廟、城堞、砲台、樓閣、洋行、古碑、石坊…，到近代文藝復興式建築（如台南地院），都散發出一股誘人的魅力，置身其間，常能給人典雅素樸、古色古香的感覺。

台南府城除了擁有不少美輪美奐的古蹟外，更以傳統美食聞名於世。台南小吃頗具口碑、歷史悠久。大部分集中在金華路四段、國華街、民族路、民權路、友愛街、府前路一段及安平區附近。種類琳瑯滿目，有擔仔麵、肉粽、蝦仁肉圓、土魠魚羹、鮮蝦麵、芋粿、海產粥、割包、當歸鴨、春捲、棺材板、虱目魚丸、豆花、酸梅湯、花生湯…等，皆具獨特口

味。其中再發號肉粽、度小月擔仔麵和包子祿等古早味美食皆創立於清末，迄今已具百年歷史。其他諸如棺材板、擔仔麵和炸蝦仁扁食等小吃，更是道地台南本町，膾炙人口的美食。

台南市美食小吃

※大人廟前香腸熟肉 台南市東區東門路一段17號
※城邊鱔魚麵 台南市東門路一段235號
※度小月擔仔麵（清光緒年間）
　台南市中區中正路16號（舊市議會對面）　06-2231744
※雙全老店紅茶 台南市中區中正路131巷2號 06-2288431
※赤崁棺材板（民國48年）台南市友愛街康樂街市場180號 06-2240014
※三好一公道當歸鴨 台南市府前路一段（近東門圓環）
※圓環頂菜粽 台南市府前路一段40號 06-2220752
※福記肉圓 台南市府前路一段215號 06-2157157
※包子祿（清光緒年間）台南市開山路三巷27號 06-225-9181
※友誠蝦仁肉圓 台南市開山路118號
※萬川餅舖 台南市青年路76號
※祖傳狀元粿 台南市友愛街300號
※張家土魠魚羹 台南市金華路四段128號 06-2111133
※真正紅燒土魠魚羹 台南市民族路二段46號 06-2283453
※石精白海產粥 台南市金華路四段142號
※再發號肉粽（清同治年間）台南市民權路二段二段71號 06-2223577
※阿美沙鍋鴨 台南市民權路二段98號 06-2222848
※汕頭魚麵（民國45年）台南市民生路一段158號 06-2215997
※阿彬土豆仁湯 台南市民生路二段86號
※武廟前肉圓 台南市永福路二段225號
※東巧鴨肉羹 台南市永福路二段194號 06-2200672
※阿霞紅蟳（民國48年）台南市忠義路二段84巷7號 06-223-1418
※富盛號碗粿 台南市西區西門路二段333巷8號（永樂市場旁）

台南市

＊上好旗魚羹 台南市小北夜市14號（位西門路上） 06-2833203
＊祥記肉包（民國45年） 台南市崇學路16巷2號 06-2676487
＊大同包子（民國54年） 台南市大同路二段115號
＊天從伯魚丸湯 台南市安平區效忠街45號　AM7:00~PM6:00
＊同記豆花 台南市安平區安北路433號 06-3915385
＊陳家蚵捲 台南市安平區安平路786號 06-2229661
＊酸梅湯 台南市安平區延平街107-1號
＊周式蝦捲 台南市安平區安平路408號之1 06-2801304
＊古堡街蚵仔煎 台南市安平區古堡街53巷6號

●台南孔廟精美泥塑。

赤嵌樓 台南市中區民族路二段212號 《一級古蹟》

　　台南赤嵌樓位於赤嵌街與民族路交叉口，已有300多年歷史，是全國唯一集結廟、閣、書院和荷蘭城堡殘蹟於一處的建築，也是歷經年代的名勝古蹟。

　　赤嵌樓舊稱紅毛樓與淡水的紅毛城同為包含荷蘭、清代與日據時期的建築，因此，參觀一座赤嵌樓，無疑瀏覽了一部台灣近代的開發史。

　　一個夏日午後，風塵僕僕地來到赤嵌樓，但見庭台樓閣，芳草鮮美，遊人如織。登樓四顧，整個喧嘩市區，盡入眼簾，但隨著時空倒流，彷彿又回溯到300年前⋯。

　　赤嵌樓其前身為荷人所建的普羅民遮城 （Provintia）。1650年，荷人向新港一帶的原住民換取台南赤嵌社附近的土地。3年後，便在此規劃街道，同時興建城堡。完成於1655年的普羅民遮城，為一座方型城堡，城周長45丈3尺，牆高3丈6尺，看去雄偉壯觀。與熱蘭遮城遙遙相望，掌控著台江海域，為昔日荷人在台灣的政商中心。

●赤嵌樓南壁下九座龜贔。

●赤嵌樓。

　西元1661年，鄭成功領軍登陸禾寮港，攻剋赤嵌樓、熱蘭遮城等荷軍要塞。同年12月，荷人乞降歸國，鄭氏設置承天府衙門於赤嵌樓，管轄天興、萬年兩縣。

　清領台灣，1886年知縣沈受謙，振興文教，整平了赤嵌樓附近的廢墟，分別建文昌閣、五子祠和蓬壺書院於遺址上。1878年中法戰爭結束，台灣知縣潘慶辰籌建海神廟於赤嵌樓舊址。如此，在赤嵌樓這塊土地上，先後集結了殿、祠、廟、閣、書院於一堂，櫛比鱗次，氣勢非凡，是台南傳統古建築的全盛時期。

●文昌閣。

　光復後，赤嵌樓一度擴充為歷史文物館，此後更於1965、1994年，兩度修茸，而成今日宏偉景象。今樓下有普羅民遮城的門樓殘跡，拱門以磚石封閉，然猶依稀

可見昔日遺留下的拱門通道。
另南壁下有龜趺9座，是乾隆年
間，福康安元帥平定林爽文亂
的紀功碑，為赤嵌樓綠草如茵
的庭園，平添不少歷史景觀。

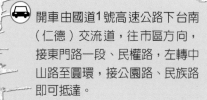

開車由國道1號高速公路下台南
（仁德）交流道，往市區方向，
接東門路一段、民權路，左轉中
山路至圓環，接公園路、民族路
即可抵達。

　　值得一提的，赤嵌樓旁有
文昌閣，樓下為文物陳列館，
樓上供奉魁星爺，又稱大魁星君，魁乃北斗的第一顆星座，有獨佔鰲頭之
意，為科舉時代士家子弟們所敬拜的神明。如今，每逢考期，前往祈求金
榜題名的莘莘學子有如過江之鯽，但見案桌上擺滿成疊的准考証影本，想
必特別靈驗，有燒香有庇佑的原故吧。此外，文昌閣與海神廟間有口半月
形的紅毛井，深井之下，聽說有祕道直通安平港，真象如何？尚待專家學
者考證。

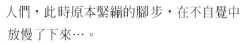

台南孔廟 台南市中區南門路2號 《一級古蹟》

　　台南孔廟位於府城中區，素有「台灣首學」之稱，也是台灣最古老的
孔子廟。從明鄭時期至清末，300年來一直扮演著台灣古早文化搖籃的重要
角色。

　　從喧嘩市區來到台南孔廟，看到古樸的孔廟建築、老樹下成群悠閒的
人們，此時原本緊繃的腳步，在不自覺中
放慢了下來…。

　　西元1665年鄭成功之子鄭經，採用參
軍陳永華的建議，於承天府鬼仔埔現
址，鳩工興建先師聖廟，並在一旁設置
明倫堂講學，提倡文教。清領台灣，
1684年巡台廈道周昌、知府蔣毓英等人
先後重修聖廟，並將先師聖廟易名為先

●台南孔廟石獅。

師廟，設置台灣府官學於此，贏得「全台首學」之美譽。其後數百年間，歷經日治、民國以來多次整修，始成今日宏偉景象。

●台南孔廟大成坊。

台南孔廟，廟貌巍峨，坐北朝南，門外立滿漢下馬碑，廟前有牆垣和泮池，至於禮門與義路，則分別矗立於大成坊兩側。走過欞星門，正中央為大成殿，屋頂採用壯觀的歇山式建築，殿內主祀至聖先師孔子神位。抬頭上望，樑柱間懸著前清歷代皇帝御賜匾額，彌足珍貴，置身其間，令人目不暇給。大成殿前兩旁，為甬長的東西廡，供奉古聖先賢神位。殿後

●台南孔廟大成殿。

為崇聖祠，配祀孔子先祖，廟東另有明倫堂、文昌閣，其中明倫堂為3開間建築，是清代授課教學用的講堂。

 開車由國道1號高速公路下台南（仁德）交流道，往市區方向，接東門路一段、民權路，左轉中山路至圓環，接南門路即可抵達。

五妃廟　台南市中區五妃街201號　《一級古蹟》

位於五妃街小山岡上的五妃廟，是一座廟墓結合的建築，主祀五妃神像，廟後連接著墓園，墓碑上刻：「寧靖王從死五妃墓」字樣。園區佔地廣闊，古木參天，風景秀麗。自古以來，參訪古都的文人雅士，都會到此憑弔，並留下淒美詩句，比如「天荒地老已無親，肯為容顏自愛身」…，緬懷一段可歌可泣的故事。

●五妃廟。

西元1683年夏天，清將施琅攻陷澎湖，準備大舉攻台。台灣明鄭朝野告急，人心不安，在位不久，年僅14歲大的監國鄭克塽，在眾擁朝議下準備降清。此時與鄭成功一齊轉戰來台的明寧靖王朱術桂聽到了消息，知道大限已到，為免受辱，於是決定以身殉國。

他招來自元配羅氏死後，便隨侍身旁的5位姬妾，王氏、袁氏、秀姑、梅姐和荷姐，與之訣別，並告知她們：在他走了以後，各人可隨自己心意，改嫁或令謀生計。沒想到，眾妾們深明大義，含淚對泣地說：「殿下既能全節，妾等寧甘失身？王生俱生，王死俱死。」於是五妃沐浴披服，

●視野遼闊的五妃廟。

從容自縊於中堂。寧靖王親自為她們辦理後事，並安葬於府城南門外的魁斗山現址。10日後，寧靖王懸樑自盡，隨侍其旁的兩位待官，也從死其旁。

五妃等人就義、殉主、殉國的事蹟，無比淒美壯烈。1746年，巡台御史范咸，特地下令海防同知方邦基重修五妃墓園，並且立碑，以彰貞節。此後百年來，廟墓歷經數次修葺，始成今日視野遼闊，草木扶疏的清幽景象。

 開車由國道1號高速公路下台南（仁德）交流道，往市區方向，接東門路一段、民權路，左轉中山路至圓環，接南門路、五妃街即可抵達。

台灣300年前的移民多為福建漳州、泉州和廣東的客家人，他們越過台灣海峽移居本島的同時，為了消災解厄、祈福納祥，常將家鄉供奉的鄉土神，一并接送來台奉祀，比如漳州人信仰開漳聖王，泉州人供奉諸姓王爺，而客家人則敬拜三山國王等等。這些鄉土神隨著一批批的先民抵達台灣落地生根，而逐步形成許多別具地方色彩的「人群廟」。

　　一個陽光普照的下午，來到台南市北區的三山國王廟，車剛停好，目光就被眼前這座青瓦紅檐白牆的建築所吸引，原來這是當今台灣少數由潮州匠師一手打造的廟宇。由於福建、廣東兩地相隔數百里，因此這座三山國王廟，無論在建築風格或廟貌的造型表現上，均有別於台灣一般常見的閩南式傳統廟宇建築。

　　台南三山國王廟乃1742年，台灣知縣楊允璽率領粵東移民客家人，為其鄉土神三山國王一巾山、獨山、明山所建的潮州廟。日治時代，廟產曾一度被盜賣，並充為肥料工廠庫房。光復後，隨著文資法公佈實施，被列

●台南三山國王古廟。

●三山國王廟精美泥塑。

入二級古蹟，並於1994年4月重修，始成今日坐東朝西，廟貌巍峨的祠廟。

中央開間主祀客家鄉土神三山國王，左開間為韓文公祠，供奉唐代大文豪韓愈，陪祀神為八

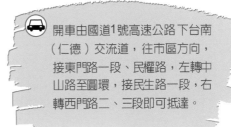

開車由國道1號高速公路下台南（仁德）交流道，往市區方向，接東門路一段、民權路，左轉中山路至圓環，接民生路一段，右轉西門路二、三段即可抵達。

仙之一的韓湘子，其神龕上方懸有「重瞻山斗」古匾，字跡剛健有力。右開間則是天后聖母祠，其佈局及增建年代，與韓文公祠大致相同，配祀媽祖神像。廟前後有三進，可細分為三川殿、拜殿和正殿等3部分，並以過水廊相通。中間大門彩繪帶弓的秦叔寶、佩劍的尉遲恭等門神，左、右兩側開間門，包括韓文公祠與天后聖母祠，則分別恭繪掌印、執劍、玉女等4尊門神，筆調生動自然，更顯得莊嚴華麗。

根據統計資料，全台約有120座三山國王廟，其中尤以台南、鹿港兩地的三山國王廟尤具地方特色和代表性。三山國王廟是廣東一帶的客家人，為其鄉土神所建的「人群廟」，這些古建築物為早期客家族群遷移來台的遺跡，作了最好的見證。

祀典武廟 台南市中區永福路二段229號 《一級古蹟》

　　台南祀典武廟又稱「大關帝廟」，是一座供奉關帝爺的古廟，座落於赤嵌樓南側，位於永福路與民族路口，與赤嵌樓僅一街之隔。其朱紅色山牆，從三川殿一直延伸到後殿，縱深長達66公尺，造型雄偉，為台灣現存最壯麗的古廟之一。1727年奉旨為祀典—春秋祭以太牢，以至於今日，因此又稱「祀典武廟」。

　　祀典武廟始建於1669年，座北朝南，相傳原為明寧靖王府，1751年台廈道王效宗重修，事隔20幾年，到了1777年，蔣元樞又大舉整修此廟，完

●台南祀典武廟三川殿。

工後，留有「重修碑記」，彌足珍貴。
其後200年來，歷經嘉慶、光緒，
以至於民國，始成現今氣勢磅礡
的廟貌，經內政部列入一級古
蹟。

祀典武廟為三進三開間
傳統狹長建築，第一進三川
殿，門楣上方高懸「武廟」
匾，採用紅綠對比色彩，看去
十分簡潔明快。左右雕琢細緻精
美的抱鼓石、石礎，極具古樸之
美。

●祀典武廟神像。

正殿，主祀文衡聖帝，兩旁配祀關
平、周倉。文衡帝君或稱關帝爺、恩主公，為今天台灣民間信仰中，一般
人耳熟能詳的武財神。神龕上方懸有前清皇帝御筆「萬世人極」、乾隆甲寅
年「大丈夫」與光緒年間「至大至剛」等古匾，極具歷史意義。

後進為三代廳，廳內主祀關公三代祖先神位。後殿西側另有觀音廳，
供奉明代觀音大士神像，莊嚴肅穆，神龕上方懸有「天地同流」匾，為乾
隆年間台灣知府蔣元樞所立。觀音廳右側為西社，西社頗具規模，自成一
格。主祀五文昌帝君，陪祀月老公，為言昔日文人雅士聚集的場所。

位於庭園中的六和堂，主祀火德星君，門楣上方懸有「海日天中」
匾。堂前有明寧靖王親手植300多年前的古梅樹，每逢正月，梅花清香噗
鼻，自有一番情致。

開車由國道1號高速公路下台南（仁德）交流道，往市區方向，接東門路
一段、民權路，左轉中山路至圓環，接民生路一段，右轉永福路二段，經
民權路即可抵達。

台南大天后宮歷史悠久，典藏文物豐富，是台灣首座的官建媽祖廟，同時也是唯一被官方列入春秋祭典的媽祖廟。

大天后宮位於台南市中區，與開基武廟比鄰相接。始建於1664年，原為明鄭時代的寧靖王府，1683年清將施琅率軍攻陷澎湖，明鄭投降，寧靖王

●大天后宮主祀媽祖神像。

朱術桂和五妃等人義不降清，自縊於中堂。施琅入台後，進駐王府，並奏請皇上將王府改建為供奉媽祖的大天后宮。

大天后宮，三川殿屋頂重簷分向兩端翹起，看去雄偉壯觀。沿著石階拾級而上，光滑圓渾的抱鼓石、門枕，造型渾厚，其上雕刻各種精美圖案，值得細細品味。左、右龍虎堵面積較大，分別雕刻「雙龍搶珠」圖案，雕工細膩，線條流暢，為惠安名匠蔣馨的傑出作品。三川殿內兩壁人物彩繪精緻傳神，為大師陳玉峰手筆，設色高雅。置身其間，有如進入了古代的藝術殿堂，令人讚嘆不已。

●台南大天后宮三川殿。

拾級而上，拜殿面寬3間，重簷下懸有
「海國同春」匾。拜殿上的龍柱造形剛健有
力，為前清道光年間雕作。另左右壁上，嵌
有施琅於1685年所立的「平台紀略碑記」及
「功德碑記」等兩塊古碑，彌足珍貴，為大天
后宮最重要的歷史文物。正殿，原為寧靖王
府正堂，有閣7重、階7級，稱「七重閣」，級
級高升，獨步全台，為明代建築遺制。正龕主祀
海神媽祖神像，莊嚴肅穆。豎立兩旁的，為古樸生動

●祀典武廟精美
斗栱飾作。

的千里眼與順風耳。左右神龕分別陪祀水仙尊王與四海龍王。正殿後方供
奉天、地、水三官大帝，即古老年代，民間通稱的「三界公」神明，深具
歷史含義。

後殿，原為寧靖王起居室，據傳寧靖王及五妃
等人殉國於此。清領台灣，改建為聖父母廳，主
祀媽祖雙親外，尚有寧靖王和歷代開山住持神
位。左右兩側神龕，分別以註
生娘娘及福德正神等為陪祀
神。除此以外，側殿後庭
上有口加蓋的龍目井，聽說
是昔日寧靖王府內的飲用之
水。

‧開車由國道1號高速公路下台南
（仁德）交流道，往市區方向，接東門
路一段、民權路，左轉中山路至圓
環，接民生路一段，右轉永福路二
段，經民權路即可抵達。

●大天后宮護法神像。

延平郡王祠 台南市中區開山路152號

　　延平郡王祠座落於
開山路旁，是一間奉祀
台灣開山祖鄭成功的祠
堂，建築雄偉又深具歷
史淵源，每年吸引大批
國內外遊客（尤其日本
觀光團）參訪，被列入
台南市重要古蹟之一。

　　經「前無古人」的
三川門，夾道綠蔭間，
映入眼簾的是一座巍峨
壯觀的福州式四合院祠
殿。正殿，主祀鄭成功

●延平郡王祠三川門。

●延平郡王祠細緻精美的門窗裝飾。

●延平郡王祠建築宏偉。

神位，後殿為太妃廟，主祀鄭成功的生母田川氏，左、右兩旁偏殿則分別配祀明寧靖王和監國鄭克𡒉夫婦牌位。明永曆35年，鄭經死後，鄭氏家族發生內訌，鄭克𡒉無辜被殺，其妻陳氏（即參軍陳永華的女兒），也殉節而死，後人以其貞烈，因而從祀於後殿。至於東西兩廡則分別奉祀鄭氏的部將甘輝、萬禮和諸臣等牌位。

延平郡王祠，前身爲民間私下奉祀鄭成功的「開山王廟」小祠，1874年欽差大臣沈葆楨巡視台灣府城後，上奏清廷以「鄭氏明之孤臣，非國朝之亂賊」，並於次年擴建開山王廟，並正名爲「明延平郡王祠」，從此允許民間公開奉祀民族英雄鄭成功。

 開車由國道1號高速公路下台南（仁德）交流道，往市區方向，接東門路一段、民權路，左轉中山路至圓環，接開山路即可抵達。

日治時代由於鄭成功的母親是日本人的關係，因此對鄭成功倍加推崇，一度將延平郡王祠更名爲「開山神社」。光復後，市政府重建延平郡王祠時，於廟右增建「成功紀念館」，祠左則闢爲庭園，使原本古樸素雅的廟祠，益顯莊嚴華麗。

鄭成功的故事

鄭成功原名森又稱成功，福建南安人，其父親爲鄭芝龍早年浪跡江湖，亦商亦盜。母親爲日本平戶田川氏的女兒，因此日本人對鄭成功倍加推崇。

鄭成功一生以反清復明爲己任，1661年4月率軍渡海征台，與荷人激戰數月後，終於降服了普羅民遮城（今赤嵌樓），是年12月又攻下熱蘭遮城（今台灣城殘跡），最後從荷蘭人手中收復台灣。

鄭氏著手建設台灣，隔年設承天府，置天興、萬年兩縣，實行屯墾制並大力獎勵農耕，當時由大陸福建、廣東一帶慕名而來的移民如過江之鯽，堪稱開台盛世。鄭成功不幸於1662年5月8日因病去逝，享年39，可謂英年早逝。但他的豐功偉業卻長存人間，後人多以「國姓爺」尊稱。

開元寺 台南市北區北園街89號 《二級古蹟》

台灣廟宇很多，知名而別具歷史意義的古刹，北部有臨濟護國禪寺。中部有鹿港龍山寺、后里毘盧禪寺、芬園寶藏寺和花壇虎山岩。南部則有開元寺、白河大仙寺等等，不勝枚舉，其中，開元寺為台南市區規模最大的官方佛寺，在當今台灣佛教叢林中享有特殊的地位。

開元寺本名「北園別館」，原為明鄭經安養母親董氏的行館。1690年，清朝巡道王效宗、總兵王化行改建為寺廟，取名「海會寺」又稱「開元寺」。300年來，歷經多次整建，但在整體建築上，依舊保有明清時代傳統寺院的「伽藍格局」，難能可貴。有山門、三川殿、彌勒殿、大雄寶殿、大士殿、南山堂和功德堂等建物，儼然構成

●開元寺三川殿。

●開元寺精美門神彩繪。

●開元寺供奉的護法神像。

●獅子滾繡球泥塑雕作。

一座格局完整的四合院聚落。造型簡樸，在台灣寺院中相當罕見。1985年，被列入二級古蹟。除了建築外，本寺保有許多明清時期的古文物，諸如銅鐘、木雕、佛像、匾聯等等，加上藝術大師蔡草如的精美彩繪，走一趟開元寺，讓人彷彿進入了古代的藝術殿堂，令人目不暇給。

　　一個晴朗的早上，來到歷史悠久，規模宏偉的「開元寺」，從路旁即可看到這座色彩斑斕，由白象與白獅守護著的偌大山門。

　　走過大門，進入林木蒼鬱的前埕，此時清風徐徐，原本清靜寧謐的靈修之地，沾染了幾許熱鬧氣氛。穿過林蔭夾道，映入眼簾的是，漆紅的山川門與綠樹交織成一幅對比強烈的靜謐景緻，令人印象深刻。越過山川門，赫然可見，殿內左右供奉著碩大無比的哈、噓兩金剛，為清代寺院之遺制。

　　彌勒殿主祀彌勒佛，邊門一幅對聯：「大肚能容了卻人間多少事」、「滿腔歡喜笑開天下古今愁」引人沈思。左右兩旁分別豎立風、雨、雷、電四大天王神像，巨大魁梧，氣勢逼人，令人望而生畏。

大雄寶殿，古意盎然，主祀「華嚴三聖」，即釋迦牟尼佛、觀世音菩薩和大勢至菩薩，兩旁配祀十八羅漢及多位菩薩神像，殿內懸有一口全台灣最早的古鐘，年代久遠，彌足珍貴。左開間爲地藏殿，供奉地藏王菩薩，右開間陪祀延平郡王神位。

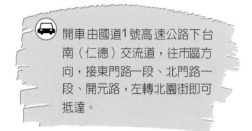

開車由國道1號高速公路下台南（仁德）交流道，往市區方向，接東門路一段、北門路一段、開元路，左轉北園街即可抵達。

後殿爲兩層樓建築，樓下主祀觀音大士，樓上供奉金碧輝煌的千手觀音，門眉上懸有「不二法門」古匾，爲1796年鎮總兵哈當阿所題。另屋簷下有4具吊筒，分別是手握蓮花，佛經、寶劍與精剛杵等聖物，雖是民國以後的作品，但造形典雅，別具巧思，爲不可多得的精心飾作。

億載金城　台南市安平區南塭16號　《一級古蹟》

台南市是台灣的發祥地，於清光緒13年設府，爲國內歷史最悠久的文化古都，也是全台古蹟最多的城市，深具歷史意義的一級古蹟就有7處之

●億載金城

多，包括赤嵌樓、祀典武廟、大天后宮、孔廟、億載金城、五妃廟和安平古堡。其中，億載金城位於安平區，規模宏大，為台灣史上第一座配備英國阿姆斯壯大砲的西式砲台。

億載金城又稱二鯤身砲台，砲台的建造，要從牡丹社事件說起。

同治10年10月，日本琉球地方的漁民54人，在屏東海域避風時誤入牡丹社，慘遭當地土著殺害。同治13年3月12日，日本以「懲兇」為由，藉口出兵侵台，而發生牡丹社流血事件。同年5月，巡台欽差大臣沈葆楨向朝廷提出「仿西洋新法，築三合土大砲台，安放西洋巨砲，使海口不得停泊兵船，而後郡城可守」的奏本。次年9月開始聘請法國工程師高爾陀（M.Berthault）來台設計督工，前後歷時1年又11個月。

於光緒2年8月竣工的億載金城，城周長180丈，高1丈6尺，四周環繞護城河，城門洞上方鐫刻沈葆楨親題「億載金城」4

●億載金城古砲。

字。寬敞的方形稜堡上，安置著5門英製大砲、8尊後膛小鋼砲，由272名訓練有素的洋槍隊員駐守，另有火藥庫、兵房和糧倉等設備。日治時期，億載金城一度淪沒於荒煙蔓草之中。民國64年（1975），經市府大事整修後，而得於呈現昔日宏偉之原貌。

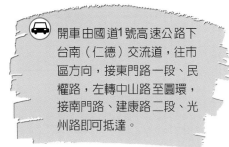
🚗 開車由國道1號高速公路下台南（仁德）交流道，往市區方向，接東門路一段、民權路，左轉中山路至圓環，接南門路、建康路二段、光州路即可抵達。

| 台灣城殘蹟 台南市安平區國勝路82號 《一級古蹟》 🏯🚻

台灣城殘蹟又稱「安平古堡殘蹟」，這座台灣最古老的城牆建築，從荷據時期最早期的木柵城堡（Orange），到今天成為古蹟名勝為止，悠悠400年歲月當中，歷經無數風霜的錘鍊，真可說是一部活生生台灣歷史的縮影。

西元1624年荷人據台，於一鯤身（安平）一帶，建奧倫治木柵城堡。1627年，荷人從印尼班達島帶來的一批黑奴，將木柵城堡改建為磚造的熱蘭遮城（Zeeiandia），成為當時的軍政中心。

●台灣城殘蹟。

依據古書上記載：熱蘭遮城，城牆高聳。堅固強韌的城牆以磚石為建材，附上貝殼灰、泥漿泮合黑糖、糯米汁等黏著物砌成。壯觀華麗的城堡有內外城之分，格局方正的內城層

●台灣城殘蹟古砲台。

次分明，分為城堡和房舍兩部分。城堡的角落安置著大砲，這是內城主要的攻防用武器。主體房舍包括公署、教堂及守望台，建於城堡的上方，下層為官員和士兵的居所。長方形的外城，城垣高約3丈，城中有員工宿舍、舞榭歌台、醫院和倉庫等公共建築，人車絡繹，商賈雲集，交易顯得十分熱烙。

明永曆15年（1661）12月13日，鄭成功趕走荷蘭人，數代遷居於此，並設水師重鎮，人稱「王城」、「台灣城」或「安平城」。其後，由於連年風雨交加，大水從曾文溪上游帶來無數泥沙，造成安平北港道嚴重的淤沙堵塞，繁華漸退。自從「首港」轉移到鹿耳門以後，王城頓時變成一處蕭條的小漁村。

到了1684年，清廷以安平「東障府城，西扼四草，南控七鯤身，北阻郭賽」，戰略地位重要，一度駐防左、中、右三營水師於安平港，並開始籌設軍裝局。日治時代（1898），日人在熱蘭遮殘城附近，建了海關公署和官員宿舍，1930年，海關公署改建為洋式展覽會館，其四周以紅磚砌成一階梯式高台，即今安平古堡的雛形。

如今，台灣城殘蹟，老樹藤葛糾纏，清雅冷冽中，彷彿回到百年前蒼茫的歲月裏…。古老斑駁的城牆一度在早期的台灣史上扮演著叱吒風雲的角色，也曾數度淪為斷垣殘壁、人跡罕至的地方。其坎坷命運，就像人生一樣沈浮不定，令人感慨萬千。

 開車由國道1號高速公路下台南（仁德）交流道，往市區方向，接東門路一段、民權路，左轉中山路至圓環，接民生路、安平路、安北路即可抵達。

安平小砲台 台南市安平區安平路與湖內二街交叉口《三級古蹟》

　　西元1840年中英鴉片戰爭爆發，台灣兵備道姚瑩上奏清廷，在全台17處海口設防，以加強台灣的海防力量。次年，在府城安平海口要津，增建了4座小砲台，其中之一，便是安平小砲台。

●威風凜凜的安平小砲台。

　　安平小砲台一直是前清時代的海防重鎮所在，其砲台基座的石壁，以花岡石磚採丁順交砌而成，看去相當工整美觀。上面的磚砌雉堞，因年代之久遠，而呈現一片斑駁景象。除此以外，砲台下方設有深約1.5公尺的避彈小室，則是小砲台的一大特色。

　　一百多年前，位於安平海口的砲台，由於連年洪水泛濫成災的結果，曾文溪挾帶的大量泥沙，造成台江內海淤沙現象，沒幾年工夫，砲台前的一片茫茫滄海，在一夕之間，化為平陸，砲台因離海岸越來越遠，漸失防禦功能。如今，站在池塘邊，猶依稀可見昔日砲台扼守著遼闊海域，那股威風凜凜的場景。

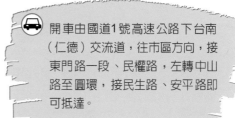

開車由國道1號高速公路下台南（仁德）交流道，往市區方向，接東門路一段、民權路，左轉中山路至圓環，接民生路、安平路即可抵達。

台南古都逍遙遊

國道1號下台南（仁德）交流道→182省道→束門路一段→圓環→公園路→赤嵌樓→返回圓環→南門路→孔廟→五妃街→五妃廟→台南小吃

蓮池潭

高雄都會公園

孔廟

春秋閣

啓明堂

龍虎塔

三鳳中街
三鳳宮

原生植物園

萬壽山風景區

市立美術館

萬壽山動物園

客家文物館

柴山風景區

火車站

國立科工館

雄中紅樓

忠烈祠

六合夜市

高雄港

文化中心
藝術大道

旗津天后宮
旗津海水浴場

城市

後勁

小港機場

西子灣風景區

愛河

高字塔文藝區

旗后砲台大門

South Taiwan Travel Manual
台灣旅遊快易通

南台灣自由行

金獅湖

左營舊城

市立歷史博物館
仁愛公園
高雄市音樂館

玫瑰聖母院

高雄市

高雄市

●熱鬧的六合夜市。

　　高雄市位於台灣南部，原名打狗，屬亞熱帶氣候，民風純樸熱情，爲昔日平埔族打狗社遺址，1920年改稱高雄。港滬開發很早，從明末便是著名港口，自1860年開闢爲通商口岸後，如今，市區高樓林立，景觀優美，交通便捷。轄內除公園綠地、學校、祠廟和住家外，大多已開發爲商工業區。舉凡民生用品，日常所需，包括食衣住行等各行業，一應俱全。在高雄十來條專業街中，其中較具代表性的，有三鳳中街南北雜貨、新堀江夜市、六合夜市、旗津海產小吃、三多路百貨商圈等街坊，人來人往，熱鬧非凡，組成東亞地區最具特色的國際貿易觀光港滬。

　　市域幅員廣大，有山有水，人傑地靈，人文史蹟豐富，有左營鳳山縣舊城、舊城孔廟崇聖祠、前清打狗英領事館、雄鎮北門、旗后砲台和旗后天后宮等國家列級古蹟。而港都的風物名勝也是享譽國際，有口皆碑的，諸如愛河、壽山、前清英領事館咖啡庭園、西子灣、漁人碼頭、左營春秋閣、蓮池潭、澄清湖、旗津…，都是風景優美，值得一遊再遊的觀光景點。

●由前清英領事館鳥瞰高雄港口。

愛河　高雄市八卦寮埤經高雄鐵橋至出海口 🔊

　　愛河源頭位於仁武鄉八卦寮埤，當地人通稱為溪仔，為高雄市唯一的河流，全長約10餘公里，河道綺麗，由北南流，貫穿市區繁榮地帶。分為3段，從八卦寮埤至明誠橋為愛河上游，從明誠橋至建國橋為愛河中游，最後由建國橋流經高雄鐵橋到出海口，為愛河下游。

　　早期愛河水源清澈，兩岸楊柳垂蔭，蟲鳴鳥叫，一度扮演著農漁、交通和休憩等功能。直到50年代，由於人口劇增，港區工廠林立，愛河飽受家庭、工業廢水的污染，一度惡臭四溢，而淪為高雄毒瘤。於1980年開始整治，總耗資71億，方才恢復昔日的美麗和乾淨。

　　如今，愛河走過滄桑歲月，重現生機，風華不減當年。

●愛河五光十色的夜景。

●愛河觀光船碼頭夜景。

●高雄愛河夜景。

　　一般習慣生活於都市的人，生活步調總是匆忙的。由愛河公園綠地、咖啡藝文廣場、歷史博物館和高樓大廈…，所組成的河濱文化，讓平時忙於工作的人，有機會偷得半日閒情，來到河邊散步談心，這樣自在的生活，營造出一股濃郁的人文氣息，這是高雄人的驕傲。

　　每逢假日午後，悠閒地踩在石板鋪就的河濱道上，你會發現，隨著陽光漸暖，行人慢慢多了起來。尤其入夜後，兩岸霓虹燈火，交相輝映，倒映水中，河上瀰漫著五光十色，一股美麗繁華的景象，真叫人神往。

　　每天下午4至23點，遊人可搭乘觀光船飽覽愛河美景。還可坐在溫馨的咖啡座，一邊欣賞優美音樂，一邊品嚐濃郁的咖啡香，觀賞愛河水悠悠，人來人往的景緻，頗為恢意。

　　🚗 開車由國道一號下高雄中正一路交流道，往中正學苑方向走中正一路，至中正四路即可抵達。

六合夜市　高雄市中山一路至自立二路之間的六合二路

高雄六合夜市歷史悠久，與春秋閣、澄清湖、三鳳宮並列為高雄4大觀光景點之一。

入夜後，充滿熱鬧氣息的六合夜市以多樣化本土小吃，而聞名於世。同時這裡也是很多外地人來高雄必逛的傳統市集商圈。沿著六合二路一路走去，你會看到路邊許多五光十色的招牌。不錯，這裡聚集了數十家台灣道地的各式海產店、平價牛排店及各式台灣傳統小吃，包括木瓜牛乳、牛肉麵、排骨酥湯、圓仔湯、雞肉飯、割包肉圓、鐵板燒、石頭火鍋、鱔魚意麵、鹽蒸蝦、魚羹、擔仔麵、果汁冷飲等台灣美食，應有盡有，令饕客們食指大動，回味無窮。其中木瓜牛奶和鹽蒸蝦，算是當地最具代表性的夜市小吃，來高雄的朋友千萬不要錯過。

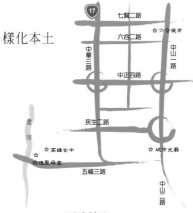

🚗 開車由國道1號下鼎金系統交流道，接10國道西行，走17號省道（中華一路至三路）過七賢二路即可抵達。

走完一趟六合夜市，約需10分鐘。的確，素有「不夜城」之稱的六合夜市，是高雄都會區許多饕家嚐鮮、消費的好去處。

●六合夜市。

壽山風景區 高雄市鼓山路西側

壽山原名打狗山或柴山，海拔350公尺，位於高雄市西南區，北起中山國小，南至哨船頭為止，全長約10公里，為早期平埔族打狗社（Takau）獵場。本區屬珊瑚石灰岩地質，叢林密茂，保有原始

●由壽山遠眺高雄港埠。

的自然風貌。根據調查，山上約有700多種植物、60種鳥類和其他野生動物。壽山風景區除豐富的生態景觀外，尚有壽山公園、忠烈祠、動物園、元亨寺等觀光景點。該風景區離市中心很近，順著鼓山一路前行，約15分鐘車程即可抵達，為市民登山健行的好去處，也是市區的重要地標。

沿著蜿蜒曲折的環山道路駕車上山，沿途風景怡人，蟲鳴鳥叫、蝶兒飛舞，無不蘊藏著自然之美，足以令人流連忘返。如果幸運的話，在自然生態猴區，您會遇到成群結隊，可愛又頑皮的台灣獼猴，這裡的猴子，因長期跟人接觸的結果，已變得十分聰明。此外，位於壽山公園的西北方，有壽山動物園。園區佔地廣闊約12公頃，園內飼養近百種來自世界各地的珍禽異獸，包括哺乳類、爬蟲和鳥類。動物園開放時間：每周二至周日上午8時30到

●忠烈祠。

●前清英領事館是全台最早的紅磚洋樓。

下午5時30分止，周一及國定假日隔天休館。循著動物園旁的山徑前行，可至壽山風景區的石灰岩洞，進入洞中，觸目所及，盡是石灰岩構成的奇石，如鐘乳石柱、石筍，尤顯現出大自然造石之神奇。

沿著環山道路繼續前行，便來到公園後山。拾級而上，眼前一座巍峨的牌樓，矗立於山林間。採傳統宮殿式建築的忠烈祠，供奉國軍烈士神位。這裡古木參天，視野開闊，是遊人休憩、遠眺的絕佳處所。站在山頂，居高臨下，放眼所及，整個高雄港埠，包括西子灣浩浩的水波在微陽照射下，閃爍生輝。心想，留在這裡看港都夜景，必定浪漫十足。

由中山大學管制站旁一條陡峭的山道上去，最後會抵達二級古蹟前清打狗英國領事館（07—5250007）。已有百多年歷史的領事館，是全台首座的紅磚洋樓，散發著一股耐人尋味的古意。一進大門，眼前出現兩尊裝飾用的古砲。沿著走道上去，生建築正面和左右兩側的拱形迴廊，全由精緻紅磚砌成。坐在拱廊咖啡座上，海面煙波微茫，船影點點，台灣海峽顯得縹緲淡遠。走累了，肚子開始餓了，於是在餐廳點了提拉米蘇蛋糕，伴著香醇的飄淨巧酥咖啡，彷彿自己成了18世紀的英國佬，讓人覺得趣味盎然。

前清英領事館古蹟沒有朱紅黛綠的裝扮，卻那麼的淡雅宜人。坐在海岬高處看山、看水，面對這樣變化無窮的勝景，誰都會感到世界是多麼美妙，生活是多麼令人愛戀。前清英領事館餐廳開放時間：上午11時至晚上24時止，全年無休。

喝完咖啡，下山至渡船頭，接著可搭乘渡輪往返旗津。再不然，就前往漁人碼頭、西子灣等海濱，觀賞風光旖旎的港口、沙灘和椰林。

　　‧壽山風景區離市區很近，開車由國道一號下高雄中正一路交流道，往中正學苑方向走中正一路，至中正三路圓環，往北接中山一路，左轉建國二路、鼓山一路、環山道路即可抵達。

壽山建議行程

市中心→鼓山一路→環山道路→壽山公園→壽山動物園→石灰岩洞→
忠烈祠→中山大學→前清英領事館→漁人碼頭→西子灣

蓮池潭 高雄市左營大路東側

　　左營蓮池潭在半屏山南側，一潭碧波，水天相接。南北長1.4公里、東西寬400公尺，水面約75公頃。曉煙夕嵐，清麗秀拔，使人有氣象萬千的感覺。入夜後，潭上樓台亭榭，朦朧而綽約，龍虎塔、十里亭、春秋閣、啟明堂、玄天上帝廟、孔廟等，一切都若隱若現，似有若無，只有水波在喃喃私語，給人難以言喻的寧靜感受。

●龍虎塔銀波粼粼，浮光躍金。

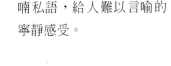

●高雄孔廟大成殿。

　　龍虎塔位於蓮池潭西南方，有龍虎造像，遊人由龍喉入，虎口出，象徵出死入生，大吉大利。步入龍口，內部還有不可勝數的宗教刻畫浮雕。如「閻王審判罰刑圖」、「玉皇大帝三十六宮將圖」等等，彌漫著濃郁的台灣文化氣息，警世意味濃厚。

　　春秋閣在龍虎塔北方700公尺處，建於1953年，分春閣、秋閣，合稱春秋御閣。晴日，塔身倒映水中，隨波盪漾。一時銀波粼粼，浮光躍金，分外美麗。蓮池

●蓮池潭十里亭。

●蓮池潭玄天上帝廟。

潭北岸另有孔廟一座，規模宏偉，莊嚴肅穆，又是蓮池潭一處美不勝收的佳景。

開車由國道一號下鼎金系統交流道，往左營方向接10號快速道路左營端，循路標方向即可抵達。

旗津 高雄市中山路東側

旗津舊名旗后，位於高雄市的西側，四面環海，為一長達11公里、寬約200公尺的狹長島嶼。

旗津地方雖小，卻有許多引人入勝的去處，諸如旗津海產街、海洋公園、旗后天后宮、旗后砲台和旗后燈塔等名勝古蹟，其中位於廟前路的天后宮迄今已逾300年歷史，人文薈萃，是高雄港區發展最早的地區。

旗津，顧名思義，為船舶往來津渡的地方，漁產豐富，種類繁多。一下旗津渡輪，沿著廟前路一路走去，你會看到許多五光十色的招牌。不錯，這裡聚集了數十家台灣道地的各式海產店，螃蟹、小管、烏魚子、海瓜子、皇帝魚、紅蟳、秋姑和龍蝦…等海鮮美食。漁貨新鮮，價格公道，

應有盡有，令饕客們食指大動，回味無窮。旗津海產街是高雄都會區嚐鮮的絕佳去處。

●巍峨的旗后砲台大門以紅磚砌成。

旗津海岸公園位於旗津的東北角，緊鄰台灣海峽，佔地約45公頃，景色優美，令人流連忘返。公園內有觀海景觀步道區、海水浴場和自然保育生態區，其中景觀步道區長1公里，兩側為自行車道及海岸沙灘，這天，騎著單車悠閒地走在平坦的濱海小徑，穿梭於一望無垠的沙灘之中。順著自行車道，不自覺中已來到一處觀海平台。於是我下車休憩看夕陽，此時，正值退潮，海闊天空，迎面吹來陣陣海風，風光怡人，就像一幅美麗的畫作，充滿著詩情畫意。能偷得半日閒情，坐在海邊賞景，確是人生難得的際遇。對大高雄地區而言，旗津海岸公園卻是一座不可多得的海角樂園。

循著通山路北行，經過一段蜿蜒的山路，二級古蹟旗后砲台，就位於山頂上。建於1875年，是座中西合併式的砲台，以扼守高雄港口，而舉世聞名。大門朝東，由外八字型的紅磚牆砌成，益顯巍峨壯觀。門額上題「威震天南」四字，門柱兩旁有「囍」字磚砌圖飾，看去古樸雅緻，為全台首見。砲台呈「目」字型，站在砲台上，居高臨下，整個旗津區的海色山光，盡收眼底。偶而海風拂面，沁涼的感覺，讓人忘掉許多俗世煩惱。到旗津遊玩，可駕車穿越過港隧道，也可搭乘渡輪前往。

 開車由國道1號高速公路下高雄端，走漁港路左轉漁港南一路，經過港隧道即可抵達。

建議行程

高雄港都週休 2 日遊

第1天：國道1號下高雄中正交流道→愛河→六合夜市（夜宿）

第2天：壽山→西子灣→蓮池潭→澄清湖→旗津吃海鮮

雄鎮北門　高雄市鼓山區蓮海路6號　《三級古蹟》

●雄鎮北門。

雄鎮北門小砲台位於鼓山區海豐里，即西子灣一帶，具有百年以上歷史，地勢險要，是昔日鳳山往來旗后的必經之地，一度與港口南岸的旗后砲台互成犄角，共扼高雄打狗港口，而舉世聞名。

走進宏偉的舊城門，門額上題「雄鎮北門」四字，字體雄渾，蒼勁有力，令人發思古之幽情。相傳，雄鎮北門砲台為成功之子鄭經於1681年所建，到了清朝光緒年間（1875），由於雄鎮北門靠近海邊，地勢較低，戰略地位重要。鳳山副將王福祿於是聘請西洋技師設計、督造砲台。日據時代以後，因防衛戰術改變，而逐漸荒廢。如今，大砲已不知去向，僅剩以三合土及紅磚砌成的城門、雉堞和一片空地，供後

高雄市

●由雄鎮北門下方觀景台，遠眺出海口美景。

人緬懷瞻仰。另位於雄鎮北門砲台下方
闢有一處濱海觀景台，拾級而下，整個
高雄港滬出海口美景，盡入眼簾。

●由觀景台遠眺旗后砲台。

 由國道1號下鼎金系統交流道，接10國道西行，走17號省
道（中華一路至四路）右轉五福三路、四路，接鼓山一
路、臨海三路、哨船街即可抵達。

天主教玫瑰聖母堂　高雄市前金區五福三路151號

天主教玫瑰聖母堂長90公尺、寬30尺，座落於高雄市鬧區愛河畔，屬哥德式建築，始建於1860年，是台灣第一座天主教堂。

該堂原為傳統土角磚建築，近百年來，歷經數次修葺，於1995年再度整建，其外貌採1931年的原有造型風貌，線條優美，看去相當美觀。中央塔樓上排列著短柱與拱圈，為仿羅馬式的歐風傳統建築。內部則改用鋼材結構，類似這種融合現代與復古式的西洋建築，從整體上看去，格外引人注目，別具一番異國風味，在台灣建築史中具有不可磨沒的地位。

一進聖母堂，首先映入眼簾的是，正門門額上懸有同治三年（1864）慈禧太后所頒，准其傳教的「奉旨」石碑，左右立有兩位小天使拱衛，以防當時滋事者進入。高聳寬長的殿堂中，哥德式拱窗上，嵌有彩繪玻璃圖飾，造型優雅，美輪美奐，是畫家和攝影師的最愛，給人強烈的印象。

天主教玫瑰聖母堂為高雄市頗具特色的建築，每年12月25日，照例舉辦「聖誕彌撒」，屆時人來攘往，熱鬧的場景，盛況空前。

●天主教玫瑰聖母堂。

開車由國道1號下鼎金系統交流道，接10國道西行，走17號省道（中華一路至三路）至五福三路即可抵達。

陳中和紀念館　高雄市苓雅區苓東路14號　（07）331—5640

開放時間：每月第二個星期六上午10：00至下午4：30

陳中和紀念館即高雄富商陳中和故居，始建於西元1911年，工程繁複，歷時9年落成，是高雄地區首座洋樓，也是日據時代的重要建物。整座建築格局完整，古意盎然。如今作為「展覽館」用途，提供遊人周末假日「參訪古蹟」的一個好去處。

●陳中和紀念館。

落成於1920年的陳中和宅第，外觀採用歐洲文藝復興式洋樓建築，四周排列著羅馬式的短柱與拱圈，同時以迴廊相繞，益顯寬敞華麗。至於室內空間

●迴廊。

●羅馬式拱門、女兒牆。

配置上，包括大堂及臥室等，則採中國傳統「九宮格局」對稱形式，看去類似台灣一般傳統閩南民宅，十分古典雅緻。二樓廳前爲一露天陽台，站在此處居高臨下，可遠眺鄰近市域美景。

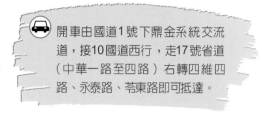

開車由國道1號下鼎金系統交流道，接10國道西行，走17號省道（中華一路至四路）右轉四維四路、永泰路、苓東路即可抵達。

　　從整座主建築物看去，陳中和紀念館融合了中西合併的建築特色，其樣式別具巧思、引人入勝，無論從外部的山牆結構、石柱、石雕裝飾或拱心石⋯，到室內的地板裝潢、窗框、樓梯間、壁飾等等，都值得細細觀賞品味。

　　值得一提的，位於高雄苓雅區福安路、中正路一帶有陳中和墓園，規模宏大，其石雕工整細緻，被列入國家三級古蹟。

金獅湖風景區　高雄市三民區鼎金路114巷11-2號　（07）347—5317

開放時間：上午8：00至下午5：00

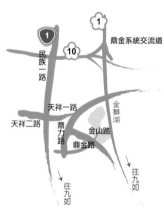

　　高雄大都會是座水岸城市，轄內除了舉世聞名、風景優美的澄清湖、蓮池潭和愛河外，在市郊東北方，還有一處著名的「金獅湖風景區」。金獅湖原名「大埤」，位於高雄市愛河上游的覆鼎金，水域面積達11公頃，區內水波盪漾，美景如畫。與高雄獅頭山比鄰而居，故稱「金獅湖」。

　　風景區位於愛河上游，爲現行都市計畫灣子內地區的6號公園預定地，面積廣達25公頃，幾經人工綠化後，目前已成爲高雄都會區的一處休閒遊樂區。區內有金獅湖管理所、覆鼎金保安宮、

高雄道德院，蝴蝶園、玫瑰園和湖畔餐廳等多項設施，每逢假日吸引許多遊客慕名前來。其中蝴蝶園，因臨近水域，管理良善，蝴蝶之培育工作相當成功。蒞臨園區，但見生態景觀豐富無比，各種彩蝶翩翩飛舞。的確，能偷得浮生半日閒，到此欣賞百蝶滿天飛舞的景象，心情悠閒之際更覺不虛此行。

覆鼎金保安宮興建於1991年，座落於獅湖之畔，環境清幽，建築宏偉，佔地600餘坪。大殿主祀中壇元帥，陪祀天上聖母、註生娘娘、福德正神等諸神明，益顯莊嚴肅穆，富麗堂皇。除了傳統信仰之外，覆鼎金保安宮同時肩負著本土文化藝術與教育的傳承，為金獅湖風景區的名剎和主要風景點之一。

看完了廟宇建築，再看看令人驚豔的潭水。的確，兼具自然人文景觀的金獅湖，是水鳥的「最愛」，也是一個遊客休憩的好去處。

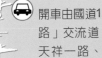 開車由國道1號下鼎金系統「民族路」交流道，接民族一路，左轉天祥一路、鼎力路，右轉金鼎路，左轉金山路即可抵達。

●金獅湖風景區。

●覆鼎金保安宮。

●覆鼎金保安宮主祀中壇元帥。

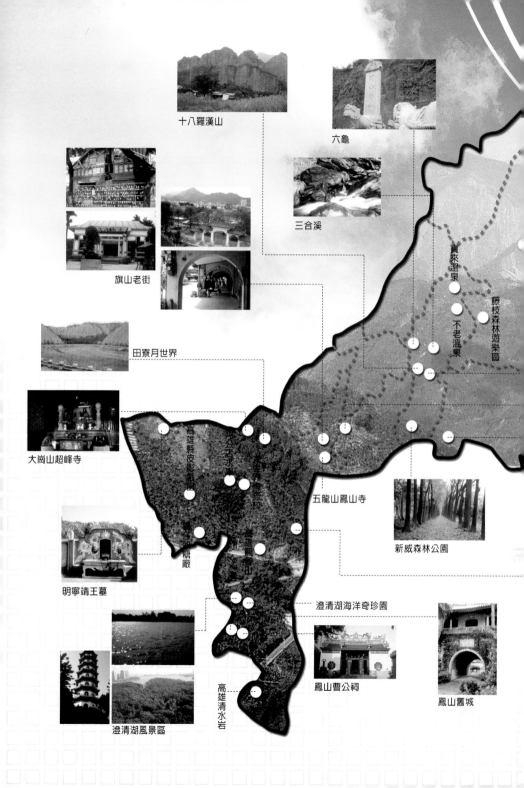

十八羅漢山

六龜

三合溪

旗山老街

田寮月世界

大崗山超峰寺

高雄縣皮影戲館

萬來溫泉

藤枝森林遊樂區

不老溫泉

五龍山鳳山寺

新威森林公園

明寧靖王墓

美濃糖廠

澄清湖海洋奇珍園

鳳山曹公祠

鳳山舊城

高雄清水岩

澄清湖風景區

South Taiwan Travel Manual

台灣旅遊快易通

南台灣自由行

天池

關山越嶺古道
梅山
少年溪風景區

荖濃溪泛舟　　　　美濃

茂林風景區

佛光山

高雄縣

高雄縣

高雄縣位於台灣的南部，地屬亞熱帶區，氣候溫和，境內有岡山、旗山和美濃等3鎮，另有路竹、燕巢、六龜、大樹、桃園、內門、田寮、甲仙、茂林、阿蓮、湖內、烏松、永定、梓官、茄定、大寮…等24鄉，轄內阿公店、鳳山等水庫，水利灌溉方便，農業十分發達。其中，以旗山的香蕉、甲仙的芋頭、鳳山的鳳梨以及美濃的菸業等農產品最為有名。

本縣路竹、燕巢、岡山一帶，早在明鄭時期早已開發，境內有二級古蹟鳳山龍山寺，以及鳳儀書院、鳳山縣城殘蹟

●鳳山縣舊城南門是台灣最早的土城。

（平成砲台、東便門）、竹門電廠、美濃敬字亭、甲仙海軍墓、濁口溪上游萬頭蘭山岩雕史前遺跡和湖內鄉寧靖王墓等三級古蹟。其中，瀰濃庄（今美濃）敬字亭，是台灣目前僅存4座惜字亭中保持相當完整的一座。

談到高雄縣好玩的地方，有鳥松鄉澄清湖、田寮鄉月世界、大樹

●高雄左營鳳山縣舊城門神浮塑。

鄉佛光山，以及六龜鄉新
威森林公園、十八羅漢
山、茂林風景區、寶來溫
泉、藤枝森林公園、扇平
自然教育區和南橫公路沿
線風景區。其中不乏世界
級自然景觀，諸如六龜地

●高雄六龜十八羅漢山。

標十八羅漢山（六龜火炎山）、茂林風景
區環流丘特殊地貌以及澄清湖的山光水色等等。

鳳山縣城、東福橋 高雄縣鳳山市三民路44巷28號前 《三級古蹟》

　　自古以來，有溪流的地方，便有橋樑的搭
建。橋樑依造型和材質的不同，大抵分為索
橋、浮橋、竹木橋、紅磚橋、糯米橋、石板
橋、吊橋，以及充滿現代感的鐵橋、水泥
橋、鋼骨橋…，到今天最新式的鋼拱斜張橋
等等，不一而足。

　　在屢次古道的探勘裡，最叫人難忘的，
莫過於古橋的邂逅了。

　　古橋也許充滿著斑駁歲月的痕跡，但它卻是人類生活中，往來交通所
必需的，當一座古橋沈穩地橫跨在河道兩岸，人們跨水越谷的同時，彷彿
也述說了一段地緣歷史的結束與開端。

●鳳山新城。

●鳳山打鐵街。

●鳳山新城東便橋。

台灣早期連接兩地的橋樑，有石板鋪成的石橋。在高雄鳳山新城東便門外的東福橋，便是目前全台僅存保有唐山石板塊的一座古橋。

🚗 開車由國道一號下高雄中正一路交流道，往鳳山方向走三多一路、自由路，至中山路右轉，接三民路可抵。

鳳山埤頭新城是相對於高雄左營舊城而得名，新城殘蹟中，有東便門、東福橋和東福祠等古蹟。其中東便門是昔日鳳山縣民出入阿猴（今屏東）的交通要津。至於具有百年歷史的東福橋，根據1864年「重修東福橋」碑記得知：由當時邑紳鄭元輝、何學洙、王淵觀與丁燠彩等人代表修建，長5丈餘，橫跨鳳山溪兩岸。這類石橋大抵在清代開始大量使用，一般橋墩多呈六角形船首狀或拱形造形，厚重樸拙的花崗石板橋平鋪溪流兩岸，給人濃烈的古樸印象。時隔百年，東福橋尚稱完好，想搭時光機，體會古人進出古城古橋的感覺，鳳山東便門值得你一遊。

鳳儀書院　高雄縣鳳山市鳳崗里中正路129巷3弄12號　《三級古蹟》🏛

台灣書院的建立始於西元1710年，到了1908年，分佈全台各地的書院約有62家之多，由於社會變遷、年久失修，百年後的今天尚存淡水理學堂大書院、台北學海書院、板橋大觀義學、大肚磺溪書院、和美道東書院、員林興賢書院、草屯登瀛書院、集集明新書院、南投藍田書院、西螺振文書院、鳳山鳳儀書院和屏東市屏東書院…等16家。書院在昔日台灣教育不普及的農業「耕讀」時代，補助官設學校的不足，為莘莘學子扮演著承先啟後的重要角色。無論站在教育學術觀點或社會文化發展角度上，均屬台灣珍貴無比的歷史文物資產。

鳳儀書院位於鳳山市鳳崗里城隍廟邊，創建於嘉慶19年（1814），坐北朝南，格局方正，是台灣現存規模最大的一座書院。

●等待整建的鳳儀書院正門。

🚗 開車由國道1號下高雄交流道，往鳳山方向接25號省道（經武路），至光遠路365巷進入即可抵達。

　　書院為兩進式傳統四合院建築。門前有照壁一座，就像現代建物上的屏風設計。正門兩旁立有抱鼓石一對，其上精雕祥龍圖飾，左右各有一門出入。左門樓位於巽（東南）方，其上題字「登雲路」，右門樓題「步天衢」，益顯當初建築設計時的用心和考究。

　　早期殿前原有半月池一座，門廳面寬三開間，深約五間，古色古香，保持著前清時代的原始架構。正殿寬敞典雅，氣勢宏偉，樑柱上的彩繪以藏青和黑色為主，益顯莊嚴肅穆。殿內主祀文昌帝君，配祀魁星、倉聖等神位。其他諸如左右廂房、講堂、後廳，以及部份護室、敬字亭等建築，均是百年前的古貌，文化、歷史價值很高，民國74年經內政部列入三級古蹟。

　　如今，部分違建戶任意搭設建物於此，書院遭受嚴重毀損，眼看著百年古蹟壅塞在許多違章建築當中，目前政府文化局相關單位正積極協調中。相信偌大的書院，修復可行性頗高，就讓我們拭目以待吧。

澄清湖 🔄

　　澄清湖舊稱「大貝湖」，位於高雄縣鳥松鄉國道一號高速公路東側，交通便利，距高雄市7公里，湖面總面積約375公頃，是大高雄地區第一大湖，也是重要的水源和觀光勝地。

●高雄澄清湖。

在南台灣頗負盛名的澄清湖，林木參天，濃蔭遍地。一進園門，只見遠山隱隱，綠水悠悠，和風拂面，讓人忘掉許多俗世煩惱。其主要的景點分佈在環湖公路旁，有水族館、鵲橋、九曲橋、豐源閣、慈暉樓、柳岸觀蓮、中興塔、鐘樓、富國島、攬秀樓、三亭攬勝、得月樓和自由亭等景點。其中，建於1960年的九曲橋，橋長230公尺，是座九彎曲折的橋樑，故稱「九曲橋」。橋旁一鵲橋，臨水弄影，又別是一番景象。沿湖畔而行，碧波萬頃，鳥語花香。穿過一片樹林，便到中興塔。

採中式傳統建築的中興塔，古樸典雅，塔高約43公尺，塔分7層。循著迴旋梯直上塔頂，登樓四望，澄清湖區全景盡入眼簾，令人心曠神怡。澄清湖真是一處適合全家賞景、健行的好去處。

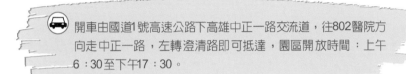

🚗 開車由國道1號高速公路下高雄中正一路交流道，往802醫院方向走中正一路，左轉澄清路即可抵達，園區開放時間：上午6：30至下午17：30。

明寧靖王墓 高雄縣湖內鄉湖內村239號 《縣定古蹟》

台灣明清時代的古墓很多，其中較特殊的，有廟墓合一的五妃廟、淡水外籍人仕墓，台南新市道爺古墓等等。除此以外，台灣還有許多文人

墓，例如新竹鄭用錫墓、鹿谷林鳳池舉人墓。而諸多墓園當中，其中又以新港王得祿墓，為台灣規模最大的清代官宦古墓。此外台灣另有歷史悠久的明代墓，例如柳營果毅陳永華將軍墓、高雄湖內明寧靖王墓等等。這些墓園為先人開拓台灣，作了最好的歷史見證。

寧靖王朱術桂，字天球，別號「一

●明寧靖王墓。

元子」，為明太祖9世孫。明永曆18年（1664）春，王隨鄭軍渡台，鄭成功父子待之甚厚，為寧靖王在台江內海建了一座王府，即今台南大天后宮、祭典武廟現址。由於寧靖王為人忠義、寡言廉節，甚得當地百姓們敬重。明永曆37年（1673），監國鄭克塽降清，王聽到消息後，知道大限已到，便決定以身殉國。同年六月二十七日，他在王府大堂壁上寫下絕命詩，書畢，即告拜天地，從容就義於樑上。兩位侍官在事後，也先後殉主。後人感念寧靖王等一門忠烈，於是將其遺體與元配夫人合葬於湖內鄉今址。並在其墓旁築偽墓多座，以混淆清兵搜尋。一個晴朗的早上，來到偏遠的湖內村，但見莊嚴肅穆的寧靖王墓，豎立於兩棵大榕樹之間，偌大的墓碑上刻有雙龍雕飾，香火繚繞，整座墓地灑掃的相當乾淨，足見當地人對寧靖王的尊敬，不因時光的流逝而被遺忘。

🚗 開車由國道1號高速公路下路竹交流道，往茄萣方向至湖內村，循指標方向即可抵達。

大崗山風景區 🎵

大崗山位於高雄縣阿蓮鄉，海拔312公尺，緊鄰田寮、岡山、路竹等鄉鎮，是南部地區開發較早的區域。山上林木茂密，古剎林立，是南台灣著名的佛道聖地，也是週休假日尋幽訪聖的好去處。

●從大崗山遠眺大高雄地區。

來到山上，舉目所見盡是農民種植的龍眼花果樹，山上放置著許多養蜂人家的蜂巢箱，因此龍眼花蜜便成了大崗山地區的著名特

●大崗山超峰寺全景。

開車由國道3號下田寮交流道，循28省道經阿蓮即可抵達。

產。大崗山後山地勢陡峭，多石灰岩地形，特殊的鐘乳石景觀，同時也是平埔族考古遺址的所在。

　　全區山路四通八達，屬大眾化路線，分成5條路線，每條路徑各具特色，風景如詩如畫，是住慣都市的人所嚮往的一種山野風味。由菩提大道起行，經十方涼亭，超峰寺而至有景洞，約2小時便可走完全程。適合全家出遊，培養親子關係。

　　超峰寺 高雄縣阿蓮鄉崗山村5號　（07）633－2754

佛光山　高雄縣大樹鄉佛光山寺　（07）656－1921

　　佛光山始建於民國56年（1967），是全台最大的佛教道場。創辦人星雲大師秉持「宏揚佛法、淨化人心」的理念，結合僧侶、信眾力量，於高雄縣大樹鄉麻竹圍創建佛光山寺，成為南台灣最負盛名的佛教聖地。

　　主體建築包括大雄寶殿、大悲殿、大智殿和大

●佛光山牌樓。

願殿等4座寺院。大雄寶殿主祀釋迦牟尼佛，氣勢宏偉、莊嚴肅穆。大佛城，塑阿彌陀佛金身像，高達120公尺，在陽光下金光閃閃，頗具特色，是佛光山寺的地標。佛光山除了大雄寶殿、大佛城等殿宇外，還有淨土洞窟、五百羅漢、寶藏館、展覽館、宗史館和舍利殿等景象莊嚴的建築。

●佛光山大雄寶殿。

為了方便遊人朝山賞景，整座佛光山以大雄寶殿為中心，向四周規劃了3條禮聖路線。第1條，由淨土洞窟，經五百羅漢、大佛城，至大雄寶殿，大約1小時行程。第2條路線，由淨土洞窟，經五百羅漢、大佛城、大雄寶殿、寶藏館，至展覽館，約2小時行程。第3條路線，由淨土洞窟，經五百羅漢、大佛城、大雄寶殿、寶藏館、展覽館、宗史館，最後至舍利殿，約需3小時行程。值得

●佛光山寺是全台最大的佛教道場。

一提的，每逢農曆過年到元宵節期間，佛光山照例舉辦一年一度的節慶活動。屆時花團錦簇。入夜後一片燈海，金碧輝煌，令人嘖嘖稱奇。

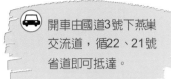

開車由國道3號下燕巢交流道，循22、21號省道即可抵達。

茂林國家風景區 高雄縣六龜鄉茂林鄉茂林村11號

(07) 680—1045

茂林舊名「多納」，為高雄縣的一個山地鄉，轄內茂林風景區成立於1991年11月，在高雄縣東南方山區，海拔200至800公尺，總面積廣達14,800餘公頃，含蓋茂林、萬山、多納等三村。區內山明水秀，地靈人傑，吸引了許多遊客前來賞景。

環山道路從管制站至多納溫泉為止，全長約12公里，循著環山道路開車上山，視野頓時豁然開闊，沿途有茂林谷、紫蝶幽谷、龍頭山、蛇頭山、龜形山、魯凱族石板屋、多納部落（Kungadavane）、多納溫泉等美麗景點，人文自然景觀豐富，已成為南台灣著名旅遊勝地。

本區地勢陡峭，河川曲折，山上的板頁岩經麻里山溪、濁口溪（荖濃溪支流）長期歲月的切割，而形成全

●茂林國家風景區龍頭山奇特山形。

●茂林風景區視野開闊的龜形山。

●茂林風景區全球首見的環流丘（蛇頭山）特殊地貌。

球首見的「環流丘」特殊地貌，有
龍頭山、蛇頭山和龜形山等視野開
闊的奇特山形，讓人應証了《易經》
上「在天成象，在地成形，在人成
事。」以及「有形則有靈」的眞
理，是這次旅遊茂林國家公園的一大收穫。

開車由國道3號高速公路下高雄縣
九如交流道，往里港方向走22號
省道，經高樹、大津，循路標前
進即可抵達。

　　除了奇特的地理風水景觀外，茂林鄉公所於多納設立露天溫泉，在群
山綠野的懷抱中泡個暖暖的好湯，途上的奔波勞累，就在氤氳的溫泉中飛
到九宵雲外去了。

十八羅漢山、新威森林公園

　　從茂林風景區下山，繼續往六龜的方向走27號省道，過六龜大橋、六
龜市區，車行約10分鐘，便到六龜遊客中心，這裡庭台館榭，視野開闊，
是遠眺十八羅漢山的好地方。十八羅漢山又稱「六龜火炎山」，位於六龜鄉
舊庄一帶，海拔600公尺，東臨荖濃溪，受地質與斷層影響，侵蝕風化作用

●十八羅漢山山形尖峭峻秀。

特別明顯。其山形尖峭峻秀，群
峰起伏，早晚時分煙雲飄渺，猶
如玉筍排空。巍峨特殊的山巒地
貌，景色變幻萬千，彷彿「桂林
山水畫」一般，十分壯麗。

🚗 開車由國道3號高速公路下高雄
縣九如交流道，往里港方向走22
號省道，經高樹至大津後，循27
號省道前行，過六龜大橋、六龜
市區後，改走27甲號省道即可抵
達。

在六龜遊客中心休息片刻，
接著便往新威村的方向前進。轄內新威森林公園位於高雄縣六龜鄉新寮村
東北方，海拔200公尺之丘陵地，舊名「新威苗圃」。由楠濃林區管理成立
於1960年11月，全園總面積26,329公頃，是全國最大的示範苗圃。

●新威森林公園如詩似畫的林場景象。

沿著陡峭的山路上山，經過一片樹林後，眼前出現一條寬6公尺，長約2公里的桃花心木步道。

開車由六龜往美濃方向，由客運站牌「新威苗圃」旁的陡峭山路上山，行約數分鐘即可抵達。

走在悠長的林蔭道上，眼前的大樹成排成林，落葉飄散一地，彷彿置身北國秋季森林的懷抱中。這般詩情畫意的林場，在台灣十分罕見，經常吸引許多婚紗業者前來拍照。新威除了森林公園外，位於新威國小對面，尚有黃仙人廟及新威百年土地伯公廟等史蹟可參訪。

新威、十八羅漢山食宿指南 +

檳榔屋餐廳 高雄縣六龜鄉舊庄39號 （07）689─4915
扇平山莊 高雄縣六龜鄉中興村45之1號 （07）689─5882

高雄縣美濃客家庄 ↻

高雄縣美濃舊稱「瀰濃庄」，在旗山鎮東北7公里，南與荖濃溪相連，北接杉林鄉，東臨六龜鄉，三面環山，形成一景觀秀麗之平原。

本鎮為來自廣東梅縣、蕉嶺移民所創建的客家村落，開庄迄今已逾270年，居民以務農為主，民風純樸。境內山明水秀，觀光資源極為豐富，有美濃客家

●美濃客家庄東門樓。

文物館，瀰濃庄敬字亭、竹門發電廠（三級古蹟）、客家手工藍衫店（全台碩果僅存74年老店 高雄縣美濃鎮永安路）、林家古厝、東門樓、美濃油紙傘、開基伯公、開庄伯公和美濃湖等景點。其中，縣定古蹟東門樓，始建於1756年，為昔日庄民出入東城門前往龍肚、六龜的重要孔道。日治時

●美濃湖水光瀲灩，一派清新。

●全台碩果僅存的美濃客家藍衫老店。

代，太平洋戰爭期間，為傳遞空襲警報而進行整修並加蓋鐘樓。光復後，1957年拆除鐘樓，由當地居民改建為今日巍峨的歇山式建築。除了名勝古蹟外，位於美濃鎮上的粄條街（中山路），販賣熱騰騰粄條的店家隨處林立。此外，採用米酒、蒜頭燉煮的豬腳和「冬瓜封」也是美濃地區相當有名的客家傳統美食。

●高雄縣六龜三合溪魚類生態豐富。

開車由國道3號高速公路下高雄縣九如交流道，往里港方向走22號省道，經高樹至大津後，走27號省道，過六龜大橋循27甲號省道，經六龜遊客中心，續接28省道、184甲縣道即可抵達。

美濃鎮 住宿指南

人字山莊 高雄縣 美濃鎮民權路66之5號 （07） 661—4684
美濃民宿 高雄縣 美濃鎮自強街一段318號
　　　　 （07） 681—0621 0937—333902
湖美茵民宿 高雄縣 美濃鎮中山路二段782巷52號 （07） 681—7828

瀰濃　敬字亭

位於高雄縣美濃鎮民生路北側巷道口，是目前台灣僅存四座惜字亭中保持相當完整的一座，被列入三級古蹟。

瀰濃庄敬字亭起建於1779年，由當地仕紳梁啓旺發起，瀰濃庄多人共同響應，所合力建造完成。敬字亭呈六面體，整座亭身分爲爐身、方壇和台基等3部分，由精美的清水磚砌成，亭前供奉倉頡牌位。

字紙殘書是人類腦部透過筆墨所表現出來的一種訊息和符號，古人明白個中的道理，對文字非常敬重，經常將字紙殘書收集起來，每逢朔望日（每月農曆初一、十五），在亭內焚化，務使片片隻字「過化存神」化爲飛蝶，上達天聽。至於紙灰，則灑向溪流的方向，讓筆墨走百丈銀瀾而去。

美濃客家文物館　　高雄縣美濃鎮民族路49—3號　（07）681—8338

開放時間：週二至週日上午9：30至下午4：30

高雄縣美濃舊稱「瀰濃」，位於屏東平原最北端，境內客家籍居民約佔全鎮90％以上，是全國客家文物保存相當完整的一個鄉鎮。因此本鎮肩負起客家文化歷史的重要傳承和使命，於2003年在美濃中正湖東北方成立「美濃客家文物館」。

●美濃客家文物館。

文物館採用美濃菸樓造型與傳統三合院的建築風格，利用3D多媒體影片、電腦資訊系統、文獻記錄及實物，呈現台灣客家文化勤儉、樸實的意象與風情。在建物色彩上，採用灰色或白色系類，來凸顯客家展示文物─包括美食、藍衫、油紙

傘、農具、音樂等等，讓遊客能夠深入瞭解美濃一帶農村文物的特色。

除了典藏、推廣與展示台灣傳統客家文物外，本館另設有研習室、圖書館和會議室，同時具有休閒、教學、研究及強化社區教育等許多功能，參觀這座具有活力的文物館，讓人耳目一新，是不可多得的客家文物豐富之旅。

荖濃溪泛舟

荖濃溪全長137公里，是南台灣第一大河，也是台灣的第二大溪流。發源於玉山群峰。從源頭往西南而下，在桃源、六龜一帶，匯集了7大支流，荖濃溪水流湍急，形成特殊的縱谷景觀地形，與花蓮秀姑巒溪一樣，極適合推展泛舟活動。

泛舟是一種好玩又刺激的水上活動。荖濃溪泛舟從每年夏季的5至10月，泛舟航程分為上、下二段，上段從寶來2號橋到新發大橋為止，全程共12.5公里，河床落差約200公尺，航程需2小時，沿途經32處大小激流險灘，4道峽崖，每艘橡皮艇可載8至10人，為國內頗受歡迎的4級急流泛舟河道。下段自六龜至新城，全長15公里，水流較平穩，航程需2個半小時，是大眾化的水上活動路線。荖濃溪泛舟 高雄縣六龜鄉寶來村中正路137之6號 (07) 688－2995

根據泛舟業者表示，急流泛舟是具危險性活動，遊客應注意以下安全事項。

(1) 身體虛弱，患有心藏病、高血壓、氣喘病、酒後、年齡太小的兒童及孕婦，均不適宜從事泛舟活動。

●好玩又刺激的泛舟水上活動。

●荖濃溪水流湍急適合推展泛舟活動。

（2）所有泛舟民眾必須依照規定穿戴救生衣、安全帽和球鞋。

（3）相機須作好防水措施，其他貴重物品、金錢和行李等不宜帶在身上。

（4）遊客應投保意外險。

（5）泛舟前應多備一套內外衣服更換。

（6）泛舟時請勿亂丟垃圾，以免污染河川。

（7）通過激流險灘時，應趕緊收腿、收槳，以免划落水中造成危險。

（8）豔陽天泛舟，身體應作好防曬措施。

 開車由國道3號下燕巢交流道，接10號快速道路至旗山，循28、27甲省道北行，過六龜接27省道至寶來即可抵達。

田寮月世界 高雄縣田寮鄉崇德村、古亭村一帶

　　田寮月世界海拔100公尺左右，因山坡地長年累月經雨水和河水沖刷侵蝕，而形成土質貧瘠，類似月世界的蒼涼丘陵。這種高低起伏，呈鋸齒狀的奇特荒地，林木生長不易，是個光禿禿一片的不毛之地，在地理學上稱爲「惡地」地貌景觀。

　　月世界景觀從進入崇德村的路上，就開始顯得格外顯目。尤其月圓之夜，此時明月當空，四下一片寂靜，但看著起伏不定的山丘，一幅若實若虛、若夢若幻的神祕景象，頗具超現實美感，令人心曠神怡，久久不捨離去。爲了讓遊客一

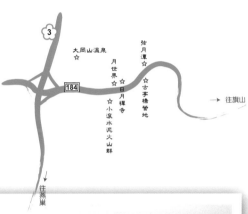

●田寮月世界。

攬月世界美景，縣政府在「月景
農塘」四周，闢建環塘步道，
循步道走一圈，只需5、6分鐘
光景。

　　由月景農塘旁小路前行，
上一陡坡，至山頂平台，居高
臨下，整個田寮月世界全景，
盡入眼簾。其附近，另有日
月禪寺、翠幻谷、峰月宮和

●田寮月世界。

泥火泉等景點，朝夕風光至為奇特，值得一遊。

 開車由國道3號下田寮交流道，接28號省道往旗山方向
即可抵達。

水門鄉水門

高屏舊鐵橋

劉家祠堂

萬巒豬腳

鯉魚山

東港風景區

東隆宮王船祭

枋山鄉海濱

海口沙漠

海生館

中山公園

慈鳳宮

賽嘉航空公園

屏東酒廠

屏東科技大學

八大森林博覽樂園

大鵬灣

蕭家古厝

沿山公路

涼山瀑布

平和比悠瑪部落

平和吉貝木棉林

國保渡假樂園

南迴公路西段

石門古戰場

四重溪溫泉

恆春古城

天鵝湖瀑布群

德文風景區

三地門

好茶舊部落

北大武山

旭海大草原

旭海溫泉

雙流森林遊樂園

South Taiwan Travel Manud

台灣旅遊快易通

南台灣自由行

大津瀑布

霧台風景區

港仔大沙漠

牡丹水庫

台灣原住民文化區

佳樂水

屏東（市）縣

屏東(市)縣

　　屏東縣是台灣最南端的縣市，舊稱阿猴，早期為平埔族「阿猴社」獵場，西元1920年，以地處高雄半屏山的東邊，而更名為「屏東」。如今，本縣北區有里港、鹽埔、長治、洛麟、九如、萬丹、竹田、三地、霧台、潮州、萬巒、新園和東港等鄉鎮。其中，純樸的萬巒鄉，除了擁有一座全台最古老的西班牙萬金天主教堂外，還以美味可口的萬巒豬腳，而聞名於世。與萬巒豬腳齊名的美食，尚有東港黑鮪魚、楓港洋蔥及林邊的海鮮、蓮霧。除了美食外，本區還有三地門及霧台鄉魯凱族舊好茶部落，山明水秀，擁有台灣最大的石板屋聚落遺

●國道三號高屏溪斜張橋夜景。

跡，今列入二級古級，為南台灣週休假日登山健行的好去處。

●墾丁國家公園風吹砂奇景。

　　屏東縣南區有風景秀麗的恆春半島，位於半島上的車城鄉，為明清早期開發之地。1786年，渡台平定林爽文亂的福康安元帥，曾以木柵圍成城廓，駐軍於此，

當地人稱「福安城」或「柴城」，後人取其諧音爲車城。車城有聞名全台的國立海生館，附近的石門古戰場，爲百年前日軍與牡丹社原住民對決之處。

●屏東霧台鄉山色優美。

恆春半島園區氣候溫暖，除國立海洋生物博物館外，尚有恆春古城、瑪家鄉涼山村的涼山瀑布、大森林博覽樂園、大鵬灣遊憩區、雙流森林遊樂區、四重溪溫泉、南仁湖保護區、小琉球以及墾丁國家公園等奇特的海岸景觀和人文觀光景點。

●屏東佳冬楊氏宗祠。

屏東縣旅遊資訊

大森林博覽樂園 屏東縣潮州鎮潮州路800號 （08）789—8822
大鵬灣遊憩區風景區管理處 屏東縣東港鎮船頭路25—254號
　　　　　　　　　　　　（08）833—8100
雙流森林遊樂區 屏東縣獅子鄉丹路村丹路二巷23號 （08）870—1394
四重溪溫泉 屏東縣車城鄉溫泉村
南仁湖保護區 南仁湖管制站 屏東縣 （08）881—1095

屏東下淡水溪鐵橋 介於屏東縣屏東市與高雄縣大樹鄉間 《二級古蹟》

屏東下淡水溪鐵橋為台灣最長的桁架鐵橋。這座橫跨高屏溪的長橋，落成於1914年，總長1526公尺，是台灣最長的桁架鐵橋。由當時日本技師飯田豐二設計監工，豐二於鐵橋完成的前一年，因克盡職守，積勞成疾而終，享年40歲。

鐵路當局特別於九曲堂車站旁立了一座紀念碑，來追悼這位英年早逝的工程師，在紅花綠野襯托下，支支鐵橋鋼樑綿延不絕，呈現出一片幽深迷人的景象。目前被內政部列入二級古蹟。

●屏東下淡水溪鐵橋為台灣最長的桁架鐵橋。

●飯田豐二紀念碑。

開車由國道3號下屏東九如交流道，走3號省道往九如、屏東市方向，至屏東市社會福利館接1號省道，過高屏大橋至義和，循鴻慶醫院方向接21號省道北行即可抵達。

大津瀑布 屏東縣高樹鄉與山地門鄉交界處

大津瀑布位於高樹鄉新豐村，從入口慈津寶宮（屏東縣高樹鄉和興路24之2號（08）791—6887）停車場，上坡700公尺，約20分鐘腳程即可抵達瀑布。回程下坡較快，只需10分鐘便可到達原入口處。

大津瀑布鄰近尾寮山（海拔1427公尺），夏日裡，澎湃的瀑

●大津瀑布。

布從半空中傾瀉而下，水勢磅礡，一洩千丈，猶如垂掛在峭壁上的玉帶一般，非常好看。原始風貌的溪谷中，怪石林立，濃蔭蔽地，愈覺山林靜謐，氣氛閒適，一股流暢的禪味迴盪在山谷野溪之間。回程中，居高臨下，展望良好，整個屏東平原的田野風光，盡入眼簾。

●居高臨下，整個屏東平原盡入眼簾。

開車由國道3號下屏東九如交流道，走3號、22號省道往里港、高樹方向，至大津接185縣道，循指標即可抵達。

台灣原住民園區　屏東縣瑪家鄉北葉村風景巷104號

(08) 799－1219

開放時間：上午8：30 ～ 下午17：00 ，每週一休園。娜麓灣歌舞表演時間：每星期二至五，上午10：30及下午15：00各一場，國定例假日上午10：30、下午14：00及16：00共三場。

　　早在6000多年前，台灣中央山脈就已經是「高山族」的活動棲息場所。這些在山上定居的南島民族（Austronesian）日治時代稱作「高沙族」，台灣光復後，把「高沙族」改爲「高山族」，現代則統稱爲「原住民」。台灣的原住民包括泰雅、賽夏、布農族、鄒、魯凱、排灣、卑南、阿美、雅美、邵等族，其中人數較少（總人口數約9千多人）的魯凱族則分布在南台灣中央山脈的東西兩側，包括屏東縣霧台鄉（荖濃溪支流濁口溪流域）、三地門鄉、瑪家鄉（隘寮溪流域）以及台東縣卑南鄉和高雄縣茂林鄉等地的山區。

　　台灣原住民園區位於隘寮溪南岸，距屏東市24公里，海拔145至220公尺，總面積82.65公頃，爲國內最大的原住民園區。

　　園區風景怡人，自然人文景觀豐富，有溪流、吊橋、登山步道…，附近均爲排灣、魯凱族之聚落，原住民文化氣息濃郁。偌大的園區分爲迎賓、塔瑪路灣、娜麓灣、富谷灣等四區。其中，迎賓區設有文物陳列館、工藝館、八角樓特展和販賣部。塔瑪路灣與富谷灣區，展出泰雅、賽夏、卑南、阿美、雅美、布農、

●台灣原住民園區（行政院原住民委員會文化園區管理局提供）。

鄒、排灣、魯凱等9族之傳統住屋,呈現台灣最美的原住民建築。娜麗灣區則有多媒體360度環形劇場、歌舞劇場、生活型態展示館及餐飲中心,每逢假日吸引了許多遊客前來觀賞,對保存台灣原住民

●原住民園區歌舞劇場成員(行政院原住民委員會文化園區管理局提供)。

的傳統文化深具意義。

 開車由國道3號下長治交流道,往三地門方向,至水門,循指標方向即可抵達。

霧台鄉 屏東縣霧台鄉山地村

　　霧台鄉位於三地鄉東側,四周群山環繞,景色秀麗,常年多霧,故稱「霧台」。本鄉地廣人稀,土地面積在屏東縣33鄉鎮市中僅次於獅子鄉,但總人口數卻是最少的一鄉。轄內有伊拉、佳暮、神山、霧台、吉露、大武、阿禮和好茶等8個魯凱族聚落,是屏東縣較偏遠的一村。其中,位於霧台東北方的吉露舊稱「去露」,小小的部落僅30戶人家、200人左右,少有遊客到訪,是個相當古老的的原住民聚落。根據村長(也是部落酋長)巴桂武指出:「其始祖是

●山明水秀霧台鄉。

●霧台部落。

自石壁裂縫中的出水口誕生，經多年的繁衍而形成部落。當時因部落中缺乏足以擔當的領導人物，遂向上蒼祈願。突見兩道陽光透過天窗直射屋內置物架上的陶甕內，族人循光線上前探視，嚇然發現甕裡兩顆蛋正孵化成一對男女嬰，這就是吉露遠古傳說中從太陽出來的大頭目…」，這種傳說和佛經中所云：「世界初成，光音天人下來，各有身光，飛行自在，因地肥美，取食多者，即失神足，體重無光…。」兩者之間，有異曲同工之處。

本鄉介於海拔1000多公尺高地，多徒峭山區，可耕地面積有限，農產以愛玉子、小米、玉米及山芋為主。人文自然景觀豐富，有二級古蹟舊好茶部落，充滿神祕氣氛的鬼湖，和十足原始風味的霧台村岩板巷石板屋聚落。關於頭飾方面，蝴蝶、百合和山豬牙是魯凱族最

●霧台鄉魯凱族勇士。

●霧台基督長老教會。

 開車由國道3號下長治交流道，往三地門方向，過三德檢查站、伊拉即可抵達。

高榮譽，只有賽跑冠軍、曾抓過5至15隻大
公山豬，並與族人共同分享的勇士，才
有育資格配帶。其他，諸如象徵魯凱族祖
靈的百步蛇圖騰、人物等樸拙的藝術石木
雕作，也深具原住民傳統特色。霧台鄉屬
山地管制區，需辦理入山証。

●霧台鄉景色優美。

屏東縣台灣原住民園區住宿指南

屏山旅館 屏東縣內埔鄉水門村中山路339號 (08) 799—1803
清峰旅社 屏東縣內埔鄉水門村自力路125號 (08) 799—1119
柯家民宿 屏東縣霧台鄉中山巷78號
(08) 790—2651、0921—581279

劉家祠堂 屏東縣萬巒鄉五溝村西盛路70號

　　萬巒鄉位於屏東縣的中部偏東一帶，東鄰泰
武，西接竹田、潮州，北接內埔，南連新埤。從遠
處望去，山巒疊翠，綿延不絕，因此有「萬巒」
之稱。

●萬巒劉家祠堂。

●萬巒劉家祠堂山門。

本鄉轄有14個村庄，人口約2萬餘人，民風純樸，居民有一半以上為廣東潮州移民來台的客家人。鄉民以務農為主，除每年二期稻作外，尚有蓮霧、鳳梨、香蕉、檳榔、椰子、芒果和甘蔗等農產品。除此以外，萬巒更以香Q可口，口味獨特的豬腳，而聞名於世。

萬巒鄉除了好吃的豬腳外，鄉內還有不少百多年前遺留下來的古蹟名勝，像台灣最古老的天主教堂（萬金天主教堂）、李氏宗祠（保存有萬巒開庄的仙人遺跡）、竹雲庵，以及全台最完整的六堆客家傳統聚落─五溝水村等人文史蹟，觀光資源極為豐富。

六堆客家傳統聚落以劉氏宗祠最為典型。

劉家祠堂位於屏東縣萬巒鄉，為傳統2進式4合院建築，歷史悠久，佔地遼闊，約2.5公頃，是全台灣格局最大的祠堂，也是台灣少數具有護祠河的大祠堂。其建材大多取自福建沿海一帶，堂內的泥塑雕作品極具古樸風味，彩繪圖案生動豔麗，值得細細品賞。

🚗 開車由國道3號高速公路下竹田系統交流道，往潮州方向接187縣道、西盛路即可抵達。

屏東萬巒豬腳

位於屏東的萬巒，素以香Q可口的豬腳聞名於世。萬巒豬腳，採用上選黑毛豬為原料，首先拔除豬毛，洗淨後，加入半鍋水、青蔥、薑、酒等煮燙去除腥味，撈出後加入油爆香蔥、醬油、薑以及家傳香料等，大火煮滾轉小火燉煮數十分鐘即可。

好康到祖報

鯉魚山　屏東縣萬丹鄉灣內村

　　屏東鯉魚山古稱「赤山仔」，位於新園、萬丹兩鄉交界處，地當下淡水溪平原至高點，最高處海拔30公尺。早期因地底下富含地熱、天然氣，不定期噴出滾燙的泥漿，而形成台灣罕見的泥火山景觀。聽說在屏東磚窯尚未盛行的60年代，其山形由遠處看去，活像一尾大鯉魚，因此稱為「鯉魚山」。

　　根據書中記載，鯉魚山赤山巖一帶，從康熙61年（1722）首次噴發，至1999年921大地震前，幾乎每年不定時噴發1到3次。自從地震後，由於台灣地熱能量已獲得大量釋放所致，就從此一度停熄。如今來到屏東，要看泥火山噴發奇景，可到萬丹大排水溝或皇源聖殿。2006年2月28日及同年8月期間，皇源聖殿前廣場曾兩度從地底噴出高約2公尺滾燙的泥

●鯉魚山噴火泥火山遺跡。

●鯉魚山噴火泥火山遺跡。

●日據時代防空洞。

漿，噴出孔2至5個，端看當時地底地熱及天
然氣蘊藏量而定。由於地底下所噴出的灰色
泥漿和金黃色火焰，距皇源聖殿不到10公
尺，令人嘖嘖稱奇。

🚗 開車由國道3號竹田
系統下萬丹交流道，
左轉往東港方向，至
鄉內路右轉，循指標
即可抵達。

　　屏東鯉魚山一帶，除了噴火的泥火山之
外，附近還有赤山巖、十二犛頭鏢福德祠和日據時代防空洞等景點，值得
探訪。二次世界大戰末期，盟軍飛機頻繁轟炸台灣日軍基地設施，當時日
本海軍作戰通信中繼站設在屏東崁頂一帶，距鯉魚山不遠。日人為了躲避
盟軍大規模轟炸，而闢建可容數百人的大型防空洞。如今，走進防空洞
內，裡頭黑漆漆一片，有點冒險刺激的感覺，令人回味無窮。

　　皇源聖殿　屏東縣萬丹鄉灣內村觀音路31巷151號　（08）706－1777。

萬金天主教堂 屏東縣萬巒鄉萬金村萬興路24號 《三級古蹟》 🏛

　　屏東為台灣最南端的縣市，舊稱「阿緱」，早期是平埔族阿緱社聚落。
轄內萬巒鄉萬金村，純樸恬靜，有座全台最古老的西班牙天主教堂。

　　西元1863年，由菲律賓來台的天主教郭德剛神父倡建台灣首座土塊聖
堂，幾年後，由於萬巒鄉信仰歸化天主的人日益增多，乃於1869年12月，
由良方濟神父設計起建這座中西合併
式的教堂。建材純以火磚、碎石，混
合黑糖、糯米汁等黏著物建成，總長
160尺、寬約45尺、牆厚3尺，非常堅
固。其內部裝璜具十足台灣風味。雖
歷經百年歲月，但整座建築在造形和

🚗 開車由國道3號高速公路下竹田系
統交流道，往潮州方向接187縣
道、萬興路即可抵達。

●萬金天主教堂夜景。

格局上的變易不多，完整地保留著初建時的原貌。1984年，經內政部核定為三級古蹟，同年7月榮獲教宗若望保祿二世敕封為「宗座聖殿」。

在南部頗負盛名的萬金天主教堂又稱赤山天主教堂，每年國曆12月第二個禮拜天照例舉行萬金聖母聖殿主保瞻禮。屆時人車絡繹，熱鬧的場景，非比尋常。

●十足台灣風味的萬金天主教堂。

東港燒王船儀式 東隆宮 屏東縣東港鎮東隆街21—1號
(08) 832—2374

位於高屏溪出海口附近的東港，是一處典型的南台灣漁港。當地主要漁產包括黑鮪魚、烏魚子、櫻花蝦、油魚子等產品以及東隆宮王船祭等熱門旅遊景點。

當車子駛過東港大橋進入熱鬧街區，你會發現空氣中瀰漫著一股淡淡的魚腥味，而橋頭港邊停泊著各式大小漁船，街道兩旁隨處可見的海產店…，更為這座純樸小鎮平添了幾許獨特的海濱風味。

東港居民大多以捕魚為業，當地人為祈求「討海」順利起見，行前會到廟宇祈福，鎮內廟宇也因此興盛了不少。這天，我一路沿著牛埔溪畔上行，東聖宮、震靈宮、德隆宮…等大大小小的廟宇，此起彼落，接二

●東港燒王船儀式。

連三地出現眼前，少說也有70家以上。而眾廟當中，其中又以歷史悠久的「東隆宮」，深受當地一般信眾們敬仰。東隆宮始建於清代，迄今已有200多年歷史，主祀溫府千歲，俗稱王爺。

●東港燒王船儀式。

在台灣供奉王爺為主神的寺廟多達600多座，其中以台南縣為最多。根據史料記載，台灣有關王爺的信仰，起源於福建泉州。相傳有一次，皇帝唐太宗微服出巡，不料在半路遭人暗算埋伏，還好，有溫鴻等一行人前來救駕，唐太宗李世民這才得以脫身解圍，皇帝以溫鴻等36人救駕有功，於是封為「進士」。其後，溫鴻等人又以剿匪有功，因此又加封「五爺」。一次，36位進士奉旨出海巡行，參朝歸鄉途中，不幸在海上遇到颱風，船隻翻覆而罹難。皇帝聞知，傷痛之餘，於是封他們為「王爺」，同時下令建造一艘大船，船上供奉這36位進士靈位，迎送他們歸向大海，希望這些遺臣們在天之靈，能夠庇佑蒼生，代天巡狩，並得到安息。在泉州王爺又稱瘟王，每逢瘟疫流行時，泉州一帶的百姓們建造精美的王船，上面供奉著王爺像，漂流入海，當時的人們相信這樣便能將可怕的瘟神帶走。

●東港燒王船遊行。

位於東港牛埔溪岸的東隆宮，始建於乾隆年間，主祀溫王爺，為屏縣境內規模最大與香火鼎盛的一座古廟。到了清乾隆年間，有人在東港海邊發現一批寫著「東港溫記」

開車由國道3號高速公路下林邊交流道，往東港方向接17號省道（沿海公路）至東港，接興東路、中正路、東隆街即可抵達。

字樣的漂流神木，大家認為這是上天旨意，於是當地紳商提議聚資，開始興建東隆宮，並且以漂來的樟木，依長短大小興建溫王爺廟，同時雕刻一尊溫王爺神像，安置在廟內供人祭拜，此即台灣溫王信仰之開始。而東港每3年一度的王船祭習俗，也就這樣，從前清時代一直留傳到今天。

每逢牛、龍、羊、狗年農曆九月十九日，東隆宮照例舉辦盛大的燒王船儀式，為地方消災解厄、祈福納祥。當天人們會在鎮海里，早年發現漂流木的海邊，恭迎王爺駕到，並且舉行過神火等迎神儀式。從隔天一早至九月二十四日為止，王爺巡行東港，此時家家戶戶會在門口設壇祭拜王爺，祈求一家大小平安順利，並且送走瘟神。第6天早上，數百名壯丁穿戴整齊，拉著碩大無比的王船，開始沿街繞境遊行，穿戴整齊的隊伍在王船的前引下，頓時鎮內萬人空巷，人來攘往，陷入一片狂歡，熱鬧的場景非比尋常。到了第7天凌晨3點多，王船在道士的前導下，由信眾拉到海邊，放置於大家預先送來堆積如山的冥紙之間，此時萬頭鑽動，靜待吉時一到，便點燃冥紙。但看著王船在熊熊烈火當中化成一片火海，場面相當壯觀感人。

●東港東隆宮。

東港華僑市場（海鮮） 屏東縣東港鎮朝隆路東港漁港碼頭附近

營業時間：每天下午2：00至晚上7：00

東港又名「東津」，位於下淡水溪東畔，是國內黑鮪魚、烏魚子、櫻花蝦的主要產地，也是南台灣最大的漁港。

●東港盛產鮪魚。

當你開著車子緩緩地走過東港大橋，你會發現橋頭港邊停泊著數以百計的各式大小漁船，為這座純樸小鎮平添了幾許濃郁的漁港氣氛。東港除了盛產好吃、肉質鮮美的鮪魚生魚片之外，在朝隆路上的大型魚貨批發市場（當地人稱為「華僑市場」）內，還有無目鰻、加孟魚、石斑、櫻花蝦…等新鮮魚貨，琳瑯滿目，一應俱全。其附近，海產店到處林立，物美價廉，是品嚐道地海鮮的好去處，經常吸引許多觀光客前往。

●東港漁港。

●東港華僑市場。

🚗 開車由國道3號下林邊交流道，往東港方向走17號省道（沿海公路），至東港右接船頭路、中山路，左轉朝隆路即可抵達。

　　東港黑鮪魚、櫻花蝦、烏魚子素有南台灣最大漁港之稱的東港，擁有大型遠洋漁船，魚貨鮮美，玲瑯滿目，其中黑鮪魚、櫻花蝦和烏魚子更是當地珍奇名貴的三大名產。可口美味的黑鮪魚生魚片，入口即化，令饕客們食指大動，回味無窮。每年5月是當季黑鮪魚的盛產期，屆時吸引許多慕名而來的各地遊客。

●東港櫻花蝦。

大鵬灣國家風景區　屏東縣東港鎮大鵬里大潭路169號
(08) 833－8100

　　大鵬灣位於東港鎮與林邊鄉交界處，古稱「金茄萣港」，灣內水域面積廣達532公頃，是全台最大的潟湖（內海）地形，也是南台灣水上活動、休閒娛樂和賞鳥的絕佳去處。

●大鵬遊客中心。

●大鵬灣國家風景區。

　　大鵬灣國家風景區範圍廣闊，包括大鵬灣、小琉球本島等地區，即台
灣海峽和17號沿海公路間的河海地帶，總面積2746公頃，區內風景優美，

生態景觀豐富，有大鵬遊客中
心、紅樹林保護區、青洲濱海遊
憩區、蚵殼島等主要旅遊景點。
其中紅樹林保護區位在海河交會
處，灌木叢林茂密，生長著許多
低矮的海茄苳老樹和馬鞭草，展
現極為豐富的自然生態之美，同
時提供浮游生物、鳥類、魚類和
其他野生動物重要的棲息地。

●大鵬遊客中心餐廳，以浮木裝飾天花板。

　　風景區內除了紅樹林之外，
另有「大鵬營區」——為二次大
戰末期日軍所遺留的防空洞、小
艇碼頭、海上碉堡、鐵塔、急救
站和塔台等軍用設施，走一趟營
區遺址，彷彿穿越了時空，回到
數十年前過往的年代。

●大鵬遊客中心一角。

 開車由國道3號下林邊交流道，往東港方向走17號省道（沿海
公路）即可抵達。

屏東縣市

蕭家古厝 屏東縣佳冬鄉佳冬村溝渚路1號 《三級古蹟》

屏東佳冬鄉原名六根庄,村內保留有若干客家傳統建築,有西柵隘門、蕭家古厝、楊氏宗祠、步月樓、敬字亭等百年古蹟,其中,位於佳冬村的蕭家古厝,為台灣4大古厝之一,至今還完整地保存著台灣罕見的五落大厝。

蕭家古厝始建於180年前,為五落五進的客家傳統圍屋建築,除第5堂是日治時代增建外,從第1堂到第4堂,全是清朝咸豐年間的建築。由於蕭家古厝對建材、格局或雕工等方面都相當考究。因此,建造的時間冗長,由蕭家來台第1代祖先蕭達梅起建,至第3代蕭光明,才興建完工。整座五堂大屋,包括第一堂、勤業堂、繼述堂與明德居等主體建物,景然有序,形成一密實的空間。其內部陳設簡明,色彩以朱、黑為

●蕭家古厝八卦門。

●蕭家古厝古樸的女兒牆。

●蕭家古厝。

主，馬背型的屋脊以第4堂最高，第1堂最低，充分表現出長幼有序的台灣傳統古風。

開車由國道3號高速公路下林邊交流道，接17號省道（沿海公路），過林邊即可抵達。

值得一提的，第3堂「繼述堂」，堂內供奉天地君親師、井灶龍君和福德正神，是大陸廣東潮州、梅鄉一帶客家民居的傳統信仰。至於兩扇古意斑駁的門板上，則分別彩繪南極仙翁與何仙姑圖案，具有長壽、進祿之意味。

南州觀光糖廠　屏東縣南州鄉溪北村永安路1號　(08) 864—4081

開放時間： 每日上午8：00至下午5：00

南州觀光糖廠原名「東港糖廠」，成立於民國9年（1920），座落於屏東縣南州鄉，佔地廣闊，為台糖公司最南端的糖廠。

南州觀光糖廠目前主要生產冰品，以沸騰開水製作而成的冰棒、冰淇淋，真材實料吃起來清爽甘甜，口味有牛奶、綠豆、紅豆、玉米、芋頭、鳳梨、花生…，是其他地方買不到的優質冰品。好吃的古早味紅豆枝仔冰，讓我想起許多快樂的童年回憶。

為了讓遊客了解昔日製糖的生產過程，以及深入體驗糖廠懷舊之旅，廠內設有觀光小火車（五分車）搭載

●南州觀光糖廠

遊客環繞本廠，同時參觀花卉區、製糖
工廠。走進環境清幽的製糖工廠，目睹
了南台灣這座設備齊全的製糖工廠，包
括混合機、鍋爐、電腦煮糖、廢水處理
等機器設施，令人眼界大開。

●南州觀光糖廠冰品販賣區。

●觀光糖廠花卉區。

●觀光糖廠製糖設備。

 開車由國道3號下南州交流道，右轉187乙縣道（勝利路），行
約數分鐘即可抵達。

林邊賞鳥區　屏東縣林邊鄉鎮安村一帶濕地

　　林邊鄉鄰近大鵬灣風景
區，鄉內動植物生態豐富。
位於林邊鄉鎮安村，昔日從
鎮安到東港的舊火車鐵道旁
濕地，每年10月至翌年4
月，許多候鳥在此過冬，野
鳥種類多達數十種以上，有
紅冠嘴雞、小白鷺、夜鷺、

●林邊賞鳥區。

●林邊賞鳥區。

赤頸鴉、綠頭鴉、魚鷹、反嘴珩、雲雀鷸、黃小鷺、蒼鷺、赤足鷸、魚鷹、白冠雞和大杓鷸等等,是南台灣一處著名的賞鳥景點。

🚗 開車由國道3號下林邊交流道,往東港方向走17號省道(沿海公路)即可抵達。

好康到相報

屏東林邊蓮霧、洋蔥

屏東林邊一帶,靠近海邊,當地地質鹽分含量頗高,加上氣候等因素,適合種植「黑珍珠」蓮霧。黑珍珠色澤暗紅,但香甜美味,頗獲消費者青睞。屏東除了盛產蓮霧之外,也以洋蔥而聞名遐邇。有點嗆鼻的洋蔥能夠殺菌,增強身體免疫力及促進腸胃蠕動,多吃有益身體健康。

●林邊蓮霧。

●屏東林邊洋蔥。

車城福安宮　屏東縣車城鄉福安村福安路51號　（08）882－1345

車城福安宮為全台規模最大土地公廟。

台灣以農為國，早期村庄掌管土地的后土，為昔日土官之名。在台灣民間信仰當中，年代久遠、慈祥和藹的后土，被人們尊稱為福德正神、土地公或伯公（客家暱稱）。

土地公庇佑社稷，為守護土地之神。早期台灣農耕社會，庄頭庄尾間，常設有東西南北等四方土地公，為本島自然崇拜中分佈廣泛，與人們最親近的神明。然而，隨著時代變遷以及地域、功能上的不同，土地公衍生出許多不同造型，有身穿員外服，手持金元寶端坐太師椅上，面帶慈祥微笑的土地公。有騎在虎豹上，手持拐杖的山神土地公。也有身披錦繡龍袍，頭戴珠玉皇冠坐在龍頭椅上，守護鄉里的土地公。更有居住於水邊專司水路運輸的土地公…除此以外，尚有石頭公、老樹公等等，不一而足。

台灣一般信眾照例於每月農曆初二、十六，或每年一度的中秋節祭祀土地公，祈求一家平安、五穀豐收、財源滾滾來…。台灣土地公廟很多，

●以石頭搭成的三粒石土地公。

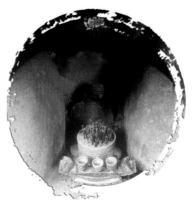

●以石頭搭成的三粒石土地公。

●車城福安宮夜景。

🚗 開車由國道3號高速公路下林邊交流道，接17號省道（沿海公路），過水底寮接1號、26號省道至車城，走北門路、接西門路、福安路即可抵達。

有以3塊石頭搭成的一個簡單ㄇ字型石棚，俗稱三粒石或磊伯公，也有石室和小壇等各種形式。舉凡街頭巷尾，幾乎隨處可見土地公廟。由於一般人日常生活中時有接觸，土地公近幾十年來，常因人性的弱點，而歷經滄桑…。不靈的土地公每遭遺棄，而淪落為沒人管的「街頭土地公」。而有求必應、人人敬仰膜拜的土地公也好不到那裡。像台北信義路及內湖的福德正神，都曾因太靈驗而被偷，在外流浪好一段時日後，才又在亂草叢中找了回來。然而，幸且不論如何，當今的土地公似乎已成為台灣人人奉祀的神明。

台灣南端風景秀麗的恆春半島，有民風純樸的車城，為明清早期開發之地。位於車城西方的福安宮，舊稱敬聖亭，創建於1662年，建廟迄今已逾300年歷史，幾乎和台灣的開發史一樣久遠。廟前廣場廣闊，建築主體規模宏偉，採用北方傳統宮殿式格局，前後分3進，共6層樓。正殿採挑高式古典建築，主祀福德正神，廟貌巍峨，香火鼎盛，堪稱全國規模最大的土地公廟。每年中秋節農曆八月十五土地公生日，來自全國各地回鑾團聚的信眾，成千上萬，祭拜時必須先排隊掛號唱名。車水馬龍，鑼鼓喧天，熱鬧的場景，盛況空前。

西元1786年，渡台平定林爽文亂的福康安（乾隆皇帝第14個兒子）元帥，率領萬餘軍士以木柵圍成城墩，駐軍於車城剿林爽文餘黨莊大田，兩軍對峙月餘仍不能破。官兵因瘟疫、水土不服而死的，不計其數，福康安於是到廟中向福德正神禱告，祈求土地公加庇。不數日，眾官兵竟痊癒，於是舉兵伐賊，賊不能敵，終被擒。福康安有感於福德正神神威顯赫，乃

奏請皇帝賜王冠及龍袍各一襲，並勒石爲記，以酬神恩。今宮內還保存著當年福康安所留下的石碑，深具歷史考證意義。這些神蹟故事，使車城福安宮聲名大噪，遠近馳名，來廟參拜的香客不絕於途，成爲南台灣頗具傳奇性的土地公廟。

土地公由來

　　相傳土地公姓張名明德，生於周武王二年二月初二，爲周朝某士大夫忠僕，一日，陪家中小姐千里尋父，不幸在路上遇上大風雪，爲了不使小姐受寒，明德脫下身上唯一的外衣爲小姐披上，小姐於是存活下來，而張卻因此凍死。臨終時，空中出現「南天門大仙福德正神」等字。後人感念其捨生取義精神，而建祠供奉。

國立海洋生物博物館　屏東縣車城鄉後灣村後灣路2號
(08) 882—4544

開放時間：上午8：00 ～ 晚上21：00

　　國立海洋生物博物館位於墾丁國家公園西北角，背山面海，佔地約65公頃，是東南亞最大的海生館。館內分爲台灣水域館和珊瑚王國館，前者以台灣附近河海原生種魚類爲主題。後者規劃了4條海底隧道，通過時，讓人彷彿潛入澄藍的海底深處，在五彩繽紛的珊瑚世界中，與大海鰻、梭魚、金花

●東南亞最大的海生館。

驢、海龜、旗魚等珊瑚礁魚類為伍，如臨其境的景象，令人嘆為觀止。此外，館方為了提倡海洋生態保育觀念，還經常不定期由海外引進各種環保指標性－比如小白鯨等魚類，吸引了許多遊客前來造訪。

🚗 開車由國道3號高速公路下林邊交流道，接17號省道（沿海公路），過水底寮接1號、26號省道至車城，依指標右轉恆春西海岸景觀道路即可抵達。

四重溪溫泉 🔙

　　四重溪位於屏東縣車城鄉東北方，距車城約5公里。清同治13年（1874），牡丹社事件後，日本覬覦台灣。欽差大臣沈葆楨授命巡台，一行人來到琅嶠社（今恆春）四重溪畔，但見潺潺流水，蜿蜒貫穿於群山峻嶺間，忽隱若現，引人入勝，因此取名為「四重溪」。

　　四重溪溫泉古稱「出湯」，發現於明治28年（1895），屬天然上等泉質，為南台灣著名溫泉渡假勝地，與陽明山、北投、關子嶺等溫泉並列為全台四大名泉。溫泉源頭位於虱目山麓谷地，由地底汩汩湧出，水質清澈透明，可飲可浴，屬鹼性碳酸泉，泉溫約50℃，含多種礦物質。聽說對消除疲勞、慢性胃腸炎、筋骨酸痛、皮膚等病症，具相當療效。

●泡湯有益身心健康。

新溫泉渡假旅館
屏東縣車城鄉溫泉村文化路1—10號 （08）882—1597
川鄜泉渡假旅館
屏東縣車城鄉溫泉村文化路4—1號 （08）882—3056
淞青溫泉民宿
屏東縣車城鄉溫泉村文化路4—2號 （08）882—1685
清泉溫泉山莊
屏東縣車城鄉溫泉村文化路5號 （08）882—4120
萬春溫泉民宿
屏東縣車城鄉溫泉村溫泉路235號 （08）882—2046
合家歡四重溪飯店
屏東縣車城鄉溫泉村溫泉路253號 （08）882—3111
四重溪溫泉大旅社
屏東縣車城鄉溫泉村玉泉巷4號 （08）882—1925
景福山莊
屏東縣車城鄉溫泉村玉泉巷8號 （08）882—1310
南台灣觀光飯店
屏東縣車城鄉溫泉路玉泉巷37號 （08）882—2211
茴香戀戀溫泉會館
屏東縣車城鄉大梅路1—16號 （08）882—4900
大山溫泉SPA農場
屏東縣車城鄉大梅路60—1號a （08）882—5725

 開車由國道3號下南州交流道，循台1線省道南下，至楓港接26號省道至車城，沿199縣道前行，約6公里即可抵達。

恆春古城 屏東縣恆春鎮城西、城南、城北里 《二級古蹟》

位於車城南方的恆春鎮，舊名「琅嶠」，地處恆春半島南端的偏遠地帶，自古以來，即為南來北往的交通樞紐。從恆春北上可到石門古戰場、

●恆春古城東門。

●恆春古城夜景。

四重溪溫泉、牡丹水庫、海生館等名勝古蹟,南下可抵墾丁國家公園、鵝鑾鼻、佳洛水與風吹砂等風景區。恆春,四季如夏,更以擁有一座台灣最完整的古城古蹟,而響譽國內外。恆春除了古城外,位在恆春東門外,終年有天然氣從地縫中冒出燃燒,而形成罕見的「出火」奇景,可順道一遊。

有關恆春的建城故事,要從同治年間發生於恆春半島的牡丹社事件說起。

位於日本九州與台灣之間的琉球,原屬我國,其後在日方的慫恿下,逐漸與日本靠攏。1871年10月,有琉球宮古島民69人,搭乘貨船不幸在海上遇到颱風,船隻翻覆,而被迫登陸台灣南部東海岸八瑤灣(今屏東九棚、中港一帶)。上了岸,徘徊尋找人家,誤闖高士滑及牡丹社(今屏東牡丹鄉),為大批番民所追殺,其中54人在逃難中不幸遇害。

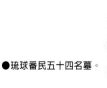

●琉球番民五十四名墓。

1874年3月，日本以以「懲兇」為由，出兵侵台。4月7日，日軍與牡丹、高士滑社民，激戰於石門（今屏東牡丹石門村），社民利用五重溪山與虱目山所形成的天然隘口，居高臨下，奮勇抵抗，但終敵不過武器精良的日軍。在此戰役中，有牡丹社頭目阿祿等20餘人戰死。4月17、18兩天，西鄉兵分3路，三面包抄，分共合擊。於是有大番目、紹貓貍、轉邀貓仔等52社相繼降，而始終末降的牡丹及高士滑社，最後也慘遭焚殺命運。慘烈無比的戰役，雖在短短的20天內結束，但日軍因流行疫疾或水土不服而死的，卻高達561人。

🚗 開車由國道3號高速公路下林邊交流道，接17號省道（沿海公路），過水底寮接1號、26號省道，經車城，依指標行進即可抵達。

●石門古戰場遺址。

●恆春古城南門。

牡丹社事件後，欽差大臣沈葆楨巡視琅𤩝社（今恆春），得悉琅𤩝地理位置適中，爲南北往來要津所在。於是上奏清廷在此築城設縣。1875年，清廷開始委由各縣仕紳築城，於1879年7月竣工。恆春古城，城周長880丈，城牆以紅磚、石灰土砌築而成，高約1丈4尺，除北門（昔日正門）遠離市區外，其餘3座城門皆在恆春鎮內。斑駁的紅磚城牆頗具古意，是台灣現存較完美的古城。

　　如今的恆春古城，東南西北4城中，保存最完整的，當屬東門路上的東門，東門在古代是恆春通往滿州鄉的要津，城牆足足綿延500公尺長，包括登門樓、城垛、拱形城門洞、雉堞、抱廈、馬道和護城河等一應俱全。因此，若要品味恆春古城之美建議從東城門開始。

墾丁國家公園

　　墾丁國家公園遊客中心 屏東縣恆春鎮墾丁路596號 （08）886—1546

開放時間：上午8：30至下午17：00

　　墾丁國家公園成立於西元1984年，爲台灣首座濱海的國家公園。該公園位於台灣南端，西瀕台灣海峽，東鄰太平洋，南濱巴士海峽，自然生態資源豐富，擁有遼闊的海岸地貌和絢麗的海底世界，海色山光，景色怡人，爲南台灣最熱門的旅遊景區。

●恆春半島捲草車。

●恆春半島牧草堆。

園區氣候溫暖，有國立海洋生物博物館、恆春古城、龍鑾潭自然中心、瓊麻工業歷史展示區、貓鼻頭公園、後壁湖遊艇港、社頂自然公園、船帆石（墾丁往鵝鑾鼻的海岸公路附近）、砂島貝殼砂展示館、鵝鑾鼻公園、龍磐風景區、風吹砂和佳樂水等奇特的海岸景觀和人文觀光景點。適逢週休假日，何妨來趟感性、悠閒的墾丁國家公園之旅。

 開車由國道3號高速公路下林邊交流道，接17號省道（沿海公路），過水底寮接1號、26號省道，依指標行進即可抵達。

●恆春半島大尖山，美景如畫。

●恆春半島船帆石。

●恆春半島砂島。

●恆春半島船帆石。

●恆春半島群礁海岸。

●墾丁國家公園自然生態資源豐富。

龍鑾潭賞鳥區　屏東縣恆春鎮草潭路250巷86號　(08) 889—1456

　　龍鑾潭當地人稱「大潭」，位於恆春半島西南方，即恆春往貓鼻頭途中，距貓鼻頭約6公里，潭水面積廣達137公頃，視野開闊，景色優美，為恆春半島主要的農田灌溉設施，同時也是遊客賞鳥、觀光的好去處。

　　屏東龍鑾潭生態豐富，孕育無數的動植物，成為候鳥的重要移棲地，每年10月至翌年4月，都有成群的鳥類過境。在龍鑾潭自然中心潭邊，可見多達175種以上的野鳥在此棲息、覓食，包括小鷿鷈、小白鷺、紅尾伯勞、蒼鷺、黃頭鷺…，以及過冬的雁鴨科水鳥，例如綠頭鴨、赤頸鳧、花嘴

開車由國道3號下林邊交流道，往恆春方向走沿海公路、26號省道（屏鵝公路），至恆春接200、200甲縣道，26省道，接佳鵝公路即可抵達。

鴨、鸕鷀等等。如今，自然保育中心規畫了4處自然鳥類展示區，設有室內觀察室，提供賞鳥資訊、望遠鏡等賞鳥器具，是目前國內設備堪稱一流的鳥類觀察站，也是南台灣珍貴的賞鳥地點。

●龍鑾潭賞鳥區。

關山夕照、高山巖福德宮

屏東縣恆春鎮山海里檳榔路17—1號
(08) 886—6105

關山又稱「高山巖」，位於恆春半島西南方，鄰近海濱，海拔152公尺，居高臨下，視野遼闊。每當夕陽西下，站在觀景台上，海上波光粼粼，千變萬化的晚霞塗紅了整個恆春半島西海岸，浮光躍

> 開車由國道3號下林邊交流道，往恆春方向走沿海公路、26號省道（屏鵝公路），至恆春龍泉橋循指標接153、161鄉道即可抵達。

金，勾勒出一片如幻似真的旖旎風光，令人留連徘徊。於是「關山夕照」之名不逕而走，成為南台灣八景之一。

屏東關山不僅風景佳異，也以名勝古剎聞名於世，位於關山山頂上的「高山巖福德宮」又稱高山岩寺，香火鼎盛，主祀福德正神，格局方正，散發著濃郁的人文氣息。

●關山鄰近海濱，景色優美。

●關山靈龜石。

●關山月空。

高山岩寺歷史悠久，始建於清朝末年，廟前有一天然岩洞，名為「智慧洞」，相傳早在明朝崇禎年間，就有信眾供奉福德正神於此。廟右前方有一奇岩，形似烏龜，因此命名為「靈龜石」，其不遠處還有一顆「飛來石」，聽說上前觸摸該石，具有財源滾滾來的功效，果然飛來石早已被慕名而來的遊客摸得溜滑透光。既或不然，可相約三五好友，到鄰近的關山蓮莊泡茶聊天，旅途上的奔波勞累，就在熱呼呼的茶香中，飛到九宵雲外去了。

●關山飛來石。

關山夕照和高山巖福德宮就是這般迷人，永遠打動著遊人之心。

┃恆春出火奇觀 🔎

位於恆春東門城外往佳樂水途中的200號公路旁，終年天然氣從地縫裂隙中汩汩冒出，經點火燃燒後，形成罕見的「出火」奇景。

根據古書記載：「出火在城東五里，三台山之左」，可知恆春的出火奇景，已有百多年歷史，書

●恆春出火奇觀。

中還說：「火徙無處，然相處不遠，冬春有，夏季無」，這表示恆春早年的出火奇觀，非常不穩定，除了經常改變地點之外，還隨著季節變化，時有時無。

●恆春出火附近，景色優美。

　　如今，位於東門城外公路
旁的出火景象，並非古早年代
的出火地點，而是前幾年，中
油公司探勘地下油井所留下來
的遺跡。由於地當陰陽交接處，

●恆春出火奇觀。

天然氣充足，出火旺盛，終年不息。加上墾丁國家公園在此擴建停車場，
附近又有一大片青青草原，景色優美，值得一遊。

 開車由國道3號下林邊交流道，往恆春方向走沿海公路、26號省
道（屏鵝公路），至恆春接200縣道往滿州方向即可抵達。

龍磐風景區 台灣東海岸，由墾丁佳樂水北方的溪子口至九棚村的南仁灣 🔄

龍磐風景區位在台灣東海岸風吹沙南方，南起民航局助航台，北至聯勤騎馬場為止，全長約2公里的一處濱海台地。

龍磐台地因地殼推擠運動，經長期海蝕、風化作用，造成海岸地形的嶙峋現象，形成許多南台灣難得一見的石灰岩洞、海岸礁岩和紅土台地等原始風味景觀。由於沿岸地區受到冬季強烈東北季風影響，植物生長不易，多以生命力強韌的低矮草本生態居多。至於濱海石灰岩岸，因長年遭受風雨侵蝕，而呈現崩崖、裂溝、滲穴等地景。站在台地上，眼前一望無際的大海，此時但坐草地上，觀賞日昇月落、滿天星斗，真是人生一大樂事。

●龍磐風景區。

●龍磐風景區。

🚗 開車由國道3號下林邊交流道，往恆春方向走17號沿海公路、26號省道（屏鵝公路）即可抵達。

●龍磐風景區天涯海角。

風吹沙

🚗 開車由國道3號下林邊交流道，往恆春方向走沿海公路、26號省道（屏鵝公路），至恆春接200、200甲縣道，26省道，接佳鵝公路即可抵達。

　　早年位於屏東縣東海岸鵝鑾鼻、佳樂水兩地的中間地帶，距鵝鑾鼻約5公里處的海邊——因冬季東北季風盛行，將砂粒從海岸吹向陸地，產生長約1500公尺，寬200公尺，連綿的風吹沙、砂丘和沙河等特殊地形景觀。其後，因鵝佳公路開闢及林務局栽種木麻黃防風林，砂源流動方向被切斷，漸為蔓藤植物所覆蓋，昔日漫天黃沙景象，如今已逐漸消失不見。

●風吹沙。

佳樂水　佳樂水風景區管理處 屏東縣滿州鄉港口段492－1號 🔁
　　　　　（08）880－1083

開放時間：上午7：00至下午17：00

　　佳樂水原名「高落水」，位在恆春半島東海岸，濱臨太平洋，全長2.5公里的岩岸，經長年風浪侵蝕，形成豐富的海岸景觀，有蜂窩岩、海蛙

石、海兔石、棋盤石和海龜石等各種奇岩怪石，鬼斧神工，海天一色，令人留連忘返，是旅遊南台灣不可錯過的景點。

佳樂水除了美麗的海岸景觀外，附近因黑潮暖流經過，形成湧升流，而造成海水溫度的提高，海中植物快速生長結果，豐富的營養源，使洄游魚類大量棲息，而形成漁場。有旗魚、虱目魚、九孔、龍蝦、彈塗和熱帶魚等千百種海生物，是海角一樂園，也是海釣者的天堂。

●佳樂水風景如畫，是渡假休閒及海釣者的天堂。

●經長年風浪侵蝕，佳樂水形成豐富的海岸景觀。

 開車由國道3號高速公路下林邊交流道，接17號省道（沿海公路），過水底寮接1號、26號省道經車城、恆春、鵝鑾鼻，依指標行進即可抵達。

開車由國道3號高速公路下林邊交流道，接17號省道（沿海公路），過水底寮接1號、26號省道，經車城至恆春，轉200、200甲縣道，經永靖、橋頭、港口，接26號省即可抵達。

可以這樣玩

第一天：台北、台中或高雄→四重溪溫泉（夜宿）

第二天：四重溪→海洋生物博物館→恆春古城→鵝鑾鼻→龍磐風景區→佳樂水。

屏東縣市

墾丁國家公園海岸自然景點 🔍

龍鑾潭自然中心 屏東縣恆春鎮草潭路250巷86號
（08）889—1456
貓鼻頭公園 屏東縣恆春鎮貓鼻頭公園 （08）886—7520
社頂自然公園 屏東縣恆春鎮社興路 號 （08）886—1821
船帆石 墾丁往鵝鑾鼻的海岸公路附近
鵝鑾鼻公園 屏東縣恆春鎮燈塔路90號 （08）885—1111
龍磐風景區 屏東縣恆春鎮26號省道（鵝佳公路）旁，距鵝鑾鼻約4公里處
風吹砂 屏東縣恆春鎮26號省道（鵝佳公路）水蛙窟附近，距鵝鑾鼻5公里處
佳樂水風景區 屏東縣滿州鄉港口段492—1號 （08）880—1083

墾丁國家公園人文觀光景點 🔍

國立海洋生物博物館 屏東縣車城鄉後灣村後灣路2號
（08）882—4544
統一海洋世界 屏東縣恆春鎮墾丁路12之14號 （08）886—2683
瓊麻工業歷史展示區 屏東縣恆春鎮草潭路4號 （08）886—6520
後壁湖遊艇港 屏東縣恆春鎮大光路79之43號 （08）886—7041
砂島貝殼砂展示館 屏東縣恆春鎮砂島路224號 （08）886—1204

墾丁國家公園住宿指南 🔍

南台灣溫泉觀光大飯店 屏東縣車城鄉溫泉路玉泉巷37號
福華渡假飯店 屏東縣恆春鎮墾丁路2號
福樂渡假飯店 屏東縣恆春鎮墾丁路128號
統茂高山青飯店 屏東縣恆春鎮墾丁路271號
墾丁渡假飯店 屏東縣恆春鎮恆公路966號
華景渡假村 屏東縣恆春鎮恆公路965號

七孔瀑布、心靈客棧　屏東縣滿州鄉永靖村都魯路7－3號（七孔瀑布收費站前）

　　屏東縣滿州鄉位於台灣東南端，東瀕太平洋，西接中央山脈末端，四季如春，生態景觀豐富。鄉內有港仔大沙漠、七孔瀑布、南仁湖保護區、八仙腳印石等風景據點，另以風味獨具的港口茶，而聞名於世。

　　七孔瀑布位於屏東縣滿州鄉永靖村，即200縣道通往加都魯一帶，距恆春約30分鐘車程，該瀑布以山谷中有群瀑七重，岩石河床上，因加都魯溪長期沖刷而成天然池穴，故名。

　　循著原始風味的溪谷前進，沿途山路陡峭曲折，需費一番手腳攀爬，往返一趟約需1至2小時。群瀑中，以第6層瀑布（高約20公尺），最為壯麗。來到第七層瀑布，整座溪谷呈現一片平坦，流水潺潺，十分寫意，是休憩野餐的好地方。

　　值得一提的，位於七孔瀑布收費站前，有家「心靈客棧」，為美術老師兼名畫家郭和淳

●七孔瀑布蜻蜓生態

●七孔瀑布。

●七孔瀑布峭壁景觀。

●心靈客棧小木屋套房。

●畫家郭和淳小姐。

（鍾靈）小姐所經營，園中花木扶疏、風景優美，遍植棋盤角、肉桂和墨水樹…，看去樸實典雅。客棧內有8棟紅瓦精美的小木屋套房、自助廚房、交誼樓台吧台、庭院烤肉區和觀星台等設施，是個可容納37人聚會的舒適場地，同時也是

●心靈客棧。

沉澱心靈、找回自我的絕佳去處，竭誠歡迎各機關團體預約。訂房專線0937—313711

🚗 開車由國道3號下林邊交流道，往恆春方向走沿海公路、26號省道（屏鵝公路），至恆春接200縣道北行，過萬應公（8.5K）循指標左轉174鄉道即可抵達。

 白榕園　屏東縣滿州鄉港口村恆春研究中心港口苗圃 🔁
　　　（08）880—1226

　　屏東滿州鄉港口村地處港口溪出海口一帶，即佳鵝公路往佳樂水路途中，為一靠山面海的小漁村。村內恆春研究中心（林業試驗分所）港口苗圃，佔地100公頃，區內林木茂密，生態景觀豐富，苗圃面積達1.7公頃，

●恆春研究中心。

●白榕園。

試栽許多熱帶型植物，包括南洋
桉、白榕樹、美人蕉等等，其中
白榕園內有棵百年大白榕，攀延出來的分枝多達207根，每枝氣生根都很粗
大，胸徑50公分左右，跟主幹幾乎沒有兩樣。其總覆蓋面積2750平方公
尺，比澎湖縣著名的通樑大榕樹要大上好幾倍，可謂一株成林，蔚為奇
觀。白榕屬桑科榕植物，性喜溫溼，其氣生根可深植地層底下而形成壯碩
樹幹，為恆春半島熱帶林常見的樹種之一。在白天走在其中，遮天蔽日，
神祕無比，彷彿進入迷宮一
般。不過，基於永續生態保
育及維護森林資源，研究中
心不對外開放。如欲參觀，
可電恆春研究中心港口苗圃
報備（08）880－1226。

開車由國道3號下林邊交流道，往
恆春方向走沿海公路、26號省道
（屏鵝公路），至恆春接200、200
甲縣道即可抵達。

港仔大沙漠（九棚大沙漠）

　　港仔大沙漠位於恆春半島西岸瀕海地區，即北起港仔鼻，南至鼻頭礁
的沙丘地帶，面積達200多公頃，是南台灣罕見的沙丘特殊景觀。

　　港仔大沙漠因八瑤灣冬季的落山風砂，長年累月堆積於九棚海濱一
帶，而形成高約50公尺，綿延數公里長的奇特沙漠景象。在炎炎的夏日午
後，蒞臨此地，但見浩瀚的黃沙牆上，眼前是一片瀰漫天際的大沙丘…，
徐徐海風吹撫著大地，略帶一點鹹味，讓人有置身荒漠大戈壁般的感受。

不過，來到此地，若要玩得盡性，莫如享受十分過癮的「沙漠飆車」樂趣。港仔大沙漠一帶有許多專業吉普車隊，可以帶你遨遊、挑戰大沙丘。喜歡冒險刺激的朋友，千萬不可錯過。

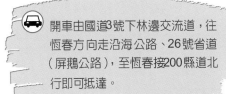

開車由國道3號下林邊交流道，往恆春方向走沿海公路、26號省道（屏鵝公路），至恆春接200縣道北行即可抵達。

●港仔大沙漠。

國家圖書館出版品預行編目資料

台灣旅遊快易通-南台灣自由行／李鎮岩著,
－－初版.－－臺中市：展讀文化,2007〔民96〕
面：公分.－－（台灣Easy go：08）

ISBN 978-986-82157-4-0（平裝）
1. 台灣-描述與遊記

673.26   96002397

台灣 easy go -08

台灣旅遊快易通～南台灣自由行 EG008

作者/攝影　李 鎮 岩
總編輯　黃 世 勳
主編　陳 冠 婷
企劃　賀 曉 帆
繪圖　王 思 婷
監製　林 士 民
內頁設計　銳點視覺設計 (04)23588230
封面設計　王 思 婷

發行人　洪 心 容
出版者　展讀文化事業有限公司
　　　　台中市西屯區漢口路2段231號2樓
　　　　TEL:(04)24521807　FAX:(04)24513175
郵政劃撥　戶名：展讀文化事業有限公司
　　　　帳號：2 2 6 1 0 9 3 6

總經銷　紅螞蟻圖書有限公司
地址　台北市內湖區舊宗路2段121巷28號4樓
　　　　TEL:(02)27953656　FAX:(02)27954100
　　　　初版一刷：西元2007年4月

定價299元
（缺頁或破損的書，請寄回更換）
ISBN 978-986-82157-4-0

展讀文化出版集團
flywings.com.tw